Die Zukunft des Strafrechts.

Beiträge

von H. v. Beaulieu, Geh. Hofrat Prof. Dr. E. v. Beling, Dr. F. Dehnow, Reichsgerichts-Senatspräsident Dr. L. Ebermayer, Prof. Dr. A. Forel, Geh. Justizrat Prof. Dr. B. Freudenthal, Prof. Dr. A. Grotjahn, Prof. Dr. E. Hafter, Prof. Dr. A. Hegler, Amtsrichter Dr. Alb. Hellwig, San.-Rat Dr. Magnus Hirschfeld, Prof. Dr. Herm. Kantorowicz, Justizrat Dr. E. Mamroth, Dr. Kurt Martens, Fritz Mauthner, Geh. Justizrat Prof. Dr. A. Mendelssohn-Bartholdy, Kammerherrn Dr. Frh. v. Münchhausen, Prof. Dr. J. Petzoldt, Walter Rathenau, Dr. H. Schneickert, Pastor Dr. H. Seyfarth, Prof. Dr. R. Wahle, Prof. Dr. E. Zürcher, Prof. Dr. L. Ritter von Zumbusch.

Herausgegeben

von

Dr. Fritz Dehnow.

Berlin und Leipzig 1920.
Vereinigung wissenschaftlicher Verleger.
Walter de Gruyter & Co.
vormals G. J. Göschen'sche Verlagshandlung — J. Guttentag, Verlagsbuchhandlung — Georg Reimer — Karl J. Trübner — Veit & Comp.

Nachdruck 1978

Druck von C. Schulze & Co., G. m. b. H., Gräfenhainichen.

Vorwort.

Die vorliegende Sammlung trägt nicht intern-strafrechtswissenschaftlichen Charakter; sie ist vielmehr für weitere Kreise bestimmt. In konzentrierter Kürze stellt sie Ansichten über die Richtlinien für die soeben einsetzende Strafrechtsreform und für die weitere Entwickelung zusammen. Zu ihrem Teile soll sie zur Klärung in Theorie und öffentlicher Meinung beitragen; zugleich soll sie erkennen lassen, in welcher Art und Richtung heute von verschiedenen Seiten her Weiterentwickelung angestrebt wird. Thematische Vollständigkeit lag nicht in ihrem Plane, ebensowenig äußere Gleichmäßigkeit der einzelnen Beiträge.

Hamburg. F. Dehnow.

Inhalt.

Biologische Grundlagen des Strafrechts.

Von Prof. Dr. J. Petzoldt.

Kann eine Pflicht zu strafen begründet werden, so ist damit die Möglichkeit einer Begründung des subjektiven und des objektiven Rechts zu strafen eingeschlossen. Aufsuchung der letzten Grundlagen des Strafrechts führt also zur Frage nach den Grundlagen der Pflichtenlehre und von da wieder der Ethik. Von ihr erst haben wir Aufklärung über die Probleme der Zurechnung, Verantwortlichkeit, Schuld und Strafe zu erwarten.

Nach einer einflußreich gewordenen neueren Unterscheidung zählt nun aber die Ethik zu den Geisteswissenschaften, und so dürfte die Überzeugung nur all zu verbreitet sein, daß die Begründung des Strafrechts mit Naturwissenschaft wenig genug zu tun habe, daß die letztere höchstens als ferner Hintergrund hinter den pathologischen Fällen der Unzurechnungsfähigkeit stehe. Gewiß ist ja auch, daß Begründung der Ethik nicht eine Antwort auf die letzten beantwortbaren Fragen der Philosophie voraussetzt[1]). Ob wir die Welt als irgend eine Vereinigung von Geist und Materie ansehen, ob sie uns zuletzt nur als geistiger Art gilt oder ob wir die Frage nach ihrem Wesen als unlogisch gestellt ablehnen[2]), davon hängt das Verständnis des ethischen Verhaltens der Menschen nicht ab. Denn alle ihre Handlungen sind auf Ziele gerichtet, die zu erkennen mit einer Entscheidung jener Frage nichts zu tun hat, da als Motiv des menschlichen Handelns höchstens ein Glaube, eine Überzeugung angenommen zu werden braucht, von dem es gänzlich dahingestellt bleiben darf, ob die Wirklichkeit ihnen entspricht oder nicht.

So wenig wir uns aber auch bei der Begründung des Strafrechts um die letzten Weltanschauungsfragen zu kümmern haben, so sehr müssen wir uns doch hüten, die vorletzten zu vernachlässigen, wie es die tun, die ihren Gesichtskreis auf die Geisteswissenschaften einengen. Daß auch das höchste Geistige ohne jede Ausnahme an biologische Vorgänge im Zentralnervensystem gebunden ist, davon sind die empirische

---

[1]) Vgl. P. Jensen, Erleben und Erkennen. Jena, 1919, S. 39. — Petzoldt, Einiges zur Grundlegung der Sittenlehre. Vierteljahrsschr. für wiss. Philos. XVIII, 1894, S. 247 f.

[2]) Petzoldt, Das Weltproblem vom Standpunkt des relativistischen Positivismus aus. 2. Aufl. Leipzig 1912.

Psychologie, die Psychiatrie und die Neurologie überzeugt; und es konnte nachgewiesen werden, daß, soweit wir eindeutige Bestimmtheit alles Geschehens voraussetzen — und alle Wissenschaft muß das tun, wenn sie sich nicht selbst aufgeben will — wir auch gezwungen sind, jeden geistigen Vorgang biologisch bedingt zu denken [1]). Dieser Nachweis stützt sich namentlich auf die eingehende Darlegung, daß es innerhalb des geistigen Gebiets keine eindeutig bestimmenden Momente gibt. Nichts von dem, was man zu Gunsten einer psychischen Kausalität angeführt hat, hält stand; alle geistigen Zusammenhänge sind erst im Laufe der Entwicklung entstanden und könnten, soweit es nur auf geistige Komponenten ankäme, auch andere Resultanten zeigen. Das nötigt uns, das eigentliche wissenschaftliche Verständnis für das geistige Geschehen im Biologischen zu suchen, es mit biologischen Begriffen aufzuhellen. Dabei würden wir nur dann Gefahr laufen, dem Materialismus zu verfallen und die Eigenart der psychologischen Vorgänge zu vergewaltigen, wenn wir rein für biologische, bzw. physikalisch-chemische Tatsachen gebildete Begriffe ohne weiteres auf die psychologischen anwenden wollten, wie etwa den Energiebegriff. Es gibt keine „psychische Energie“ als speziellen Fall der physikalischen, und die auf ihrem Gebiete so fruchtbare Energetik wird steril, sowie sie sich das Psychologische zu unterwerfen trachtet. Aber „was fruchtbar ist, allein ist wahr“, und das können nur Begriffe sein, die ganz natürlich aus hingebender Beobachtung der Tatsachenwelt erwachsen. Und zwar der natürlich zusammengehörigen, zusammen vorgefundenen, nicht künstlich getrennten Tatsachen. Die heute so beliebte scharfe Scheidung zwischen Natur- und Geisteswissenschaften reißt die in der Erfahrung aufs engste und unauflöslich verbundenen psychologischen und neurologischen Vorgänge gewaltsam auseinander und verhilft einem Platonisch-Kantischen Rationalismus noch immer zu einem Treibhausdasein. Hüten wir uns vor solcher Unnatur. Geben wir uns rückhaltlos dem tiefen Spinozisch-Goethischen Begriff der Gottnatur hin. Sie hat überdies auch bei Kant eine Stätte; nur liegt sie da unter dem Wuste des Apriorismus verschüttet. Kants empirisch-

---

[1]) Petzoldt, Einführung in die Philosophie der reinen Erfahrung. I. Leipzig 1900, erster Abschnitt, und „Die Notwendigkeit und Allgemeinheit des psychophysischen Parallelismus“ im Archiv für systematische Philosophie 1902, S. 281 ff.

reale Erscheinungswelt, das ist Goethes schaffende Allnatur, deren Kern den Menschen im Herzen ist.

Schuppe hat sich in diese Welt der Erscheinungen versenkt und dadurch vom Apriorismus befreit[1]). Damit war der Weg zu einer allseitigen Behandlung der ethischen Probleme eröffnet. Er hat ihn trotzdem verfehlt. Das lag hauptsächlich an jenem philosophischen Streben, Ethik und Recht auf die letzten Einsichten in das Wesen der Dinge zu gründen. Ihrem Innersten nach war ihm die Welt Bewußtsein, subjektives Wissen ihrer selbst und objektiver Bewußtseinsinhalt. Seine Bemühung, aus dem Bewußtseinsbegriff die Begriffe des Sollens und der Pflicht abzuleiten[2]), macht aber einen gezwungenen, nur wenig befriedigenden Eindruck. Wie er selbst sieht und (a. a. O.) anführt, widerspricht die Erfahrung dem Satze, „daß alles, was das Leben, d. i. das Bewußtsein erhöht oder steigert, mit Lust verbunden sein muß", und trotzdem will er aus dem „Bewußtsein überhaupt" den Wert des Lebens und den Willen zu seiner Erhaltung herleiten. Da wird die einfache Tatsache ganz übersehen, daß schon Organismen der niedersten Art, bei denen doch gewiß nicht im Schuppeschen Sinne von Bewußtseins- und Ich-Subjekt die Rede sein kann, das Erhaltungsstreben und sehr bedeutende Mittel zur Selbstbehauptung zeigen. Sicher ist Schuppes Denken in hohem Grade und mit großem Erfolg empirisch gerichtet, aber die letzte Grundlage seiner Erkenntnistheorie wird ihm hier zum Vorurteil, das ihn wohl nur wenig von einem tieferen Eindringen in die Naturwissenschaften erwarten ließ.

Stellen wir uns dagegen auf den festen Boden des empirischen — nicht etwa des metaphysischen — psychophysischen Parallelismus und beachten wir die Tatsache, daß die organismischen Systeme sich den Reizen, Drohungen und Angriffen ihrer Umgebungen gegenüber im allgemeinen zu behaupten vermögen, so erkennen wir hier einen Weg zur Behandlung unserer Frage, den noch sehr verschiedene Weltanschauungen gehen können und auf dem das Problem im Grunde in einen weiteren Zusammenhang eingereiht wird als selbst bei Schuppe.

---

[1]) Schuppe, Grundriß der Erkenntnistheorie und Logik. 2. Aufl. Berlin 1910, S. 14 ff., 79 ff.

[2]) Schuppe, Das Problem der Verantwortlichkeit, Bd. XIII der Koblerschen Sammlung „Das Recht", Berlin 1913, S. 26 ff. Vgl. dazu Pagel, Schuppes Bedeutung als Rechtsphilosoph. Zeitschr. für positivist. Philos. I, 1913, S. 175.

Wollen wir aber von jenem Wege nicht abkommen, so müssen wir die Gefahren des Rückfalls in die rationalistischen, einseitig geisteswissenschaftlichen Denkweisen vermeiden. So sehr sich Schuppe aus dem Kantischen Apriorismus herausgedacht, ja sogar die Theorie von der empirischen Realität der Erscheinungen als einer Theorie von «Erscheinungen» (Grundriß a. a. O. S. 81) überwunden hat, so gelang es ihm doch nicht, aus der rationalistischen Enge völlig herauszukommen. Von dieser hat uns erst Richard Avenarius befreit[1]).

Diese Leistung hat noch bei weitem nicht die ihr zukommende Geltung erlangt. Noch immer wird die „Kritik der reinen Erfahrung" von der gewiß nicht minder bedeutenden Schrift: „Der menschliche Weltbegriff"[2]) in Schatten gestellt. Und obwohl die letztere gewöhnlich in ihrem wichtigsten und tiefsten Punkte nicht verstanden wird, ist jene Einschätzung angesichts der gesamten Lage der Philosophie und der Machtverhältnisse der bestehenden Richtungen wohl begreiflich. Man entnimmt ihr eigentlich nur etwas, was man schon der Kantischen Philosophie hätte entnehmen können, wenn man sie nur richtig verstanden hätte: die empirische Realität der «Erscheinungen» in dem Sinne, daß die Empfindungen, im besonderen die optischen Empfindungen nicht «in uns» sind und aus unserem Innern erst in den Raum hinaus «projiziert» werden müssen, sondern daß sie unmittelbar im Raume an ihrer Stelle vorgefunden werden, besser daß der Raum selbst zu jenen «Empfindungen» gehört, also dasselbe, was auch Schuppe lehrt und so beweglich und eindringlich in seinem offenen Briefe an Avenarius schildert. Für den gewaltigen Schritt, den Avenarius noch darüber hinaus zur Aufhebung des idealistischen Grundirrtums tut, hat man einstweilen kein Verständnis. Das ist für die vorliegende Frage aber auch nicht von Wichtigkeit. Dagegen ist es von ausschlaggebender Bedeutung auch für die Rechtsphilosophie, daß man den Grundgedanken der „Kritik der reinen Erfahrung" versteht und verfolgt. Und dafür ist, wenn

---

[1]) Richard Avenarius, Kritik der reinen Erfahrung, 2. Aufl. Leipzig 1907/8. Eine leicht verständliche Darstellung ihres Hauptinhalts bei Petzoldt, Einf. a. a. O. I, 2. Abschnitt.

[2]) Richard Avenarius, Der menschliche Weltbegriff, 3. Aufl., vermehrt um den Abdruck von Wilhelm Schuppe, Offener Brief an Avenarius über die „Bestätigung des naiven Realismus" und von Richard Avenarius, Bemerkungen zum Begriff des Gegenstandes der Psychologie. Leipzig 1912.

auch nicht gerade unerläßliche Bedingung, doch eine erhebliche Erleichterung der volle Einblick in die empirische Realität der Erscheinungswelt und damit die Aufhebung des prinzipiellen Gegensatzes von Physischem und Psychischem: der Leib und im besonderen das Zentralnervensystem «besteht» aus empirisch-realen Empfindungen, die zugleich psychologische Elemente sind. So wird die Furcht vor dem Materialismus überwunden und das Denken geneigt, den Beziehungen zwischen den psychologischen und den zentralnervösen Vorgängen nachzugehen.

Was lehrt nun die „Kritik der reinen Erfahrung"?

Was hier vor allem in Betracht kommt, sagt sie an keiner Stelle ausdrücklich, und doch steht es auf jeder Seite. Es ist auch gar nicht neu. Hume legt es im Treatise ausführlich dar, und Lichtenberg und Fr. A. Lange haben es in zündende Worte gefaßt. Aber erst Avenarius macht mit der tiefen Einsicht völlig Ernst und tritt durch das Tor hindurch, das Hume eingeschlagen hat.

Die grundlegende Erkenntnis ist: es gibt keine tätige seelische Substanz, kein aktives Ich, das psychologische Geschehen enthält keinen voluntaristischen, apperzeptiven Faktor. Die genaue Analyse der Wahrnehmungen und Vorstellungen, der Gemüts- und Willenserlebnisse führt auf die Elemente: Empfindungen und ihre Reproduktionen, Gefühle, Stimmungen und begriffliche Charakterisierungen, niemals aber auf einen psychologisch zu fassenden Motor, der den Wechsel dieser Elemente und ihrer Komplexe in Gang setzte und darin erhielt. Darum mußte eben nach Fr. A. Langes treffendem Ausspruch die Psychologie zu einer „Psychologie ohne Seele" werden, und Lichtenberg hatte recht: „Es denkt, sollte man sagen, so wie man sagt: es blitzt. Zu sagen cogito, ist schon zu viel, sobald man es durch Ich denke übersetzt." Daher darf man auch das seelische Geschehen nicht mehr als selbständiges auffassen, wie es der Rationalismus tut, und die idealistischen Systeme schweben in der Luft. Man darf aber auch den psychophysischen Parallelismus nicht im Sinne zweier heterogener Reihen nehmen wie Spinoza, und ebensowenig sind Mischsysteme wie das Wundtsche möglich. Vielmehr denken wir die psychologischen Erfahrungen völlig in die Natur eingebettet, in eindeutigem funktionellen Zusammenhang mit biologischen Vorgängen, und ihre Regelmäßigkeiten denken wir etwa so durch die sie eindeutig bestimmenden biologischen Prozesse im Zentralnervensystem bedingt, wie die Regelmäßigkeiten der meteorologischen Vorgänge durch ihnen zugrundeliegende physikalische Gesetzmäßigkeiten bedingt gedacht werden müssen. Genauer: da die Regeln, die wir für das seelische Geschehen aus seinem tatsächlichen Verlauf ableiten können, nur angeben, was unter jeweiligen Bedingungen meist geschieht, denken wir es zunächst auch nur von regelmäßig — wie die meteorologischen Vorgänge — wiederkehrenden biologischen Prozessen abhängig und erst in zweiter Linie von elementaren biologischen Gesetzen, die aussagen, was unter jeweiligen Bedingungen immer, ohne Ausnahme geschieht. Und somit wird es nun zunächst darauf ankommen, uns ein hinreichendes Bild von jenen biologischen Regelmäßigkeiten zu machen, an die die psychologischen Vorgänge gebunden sind.

Avenarius entdeckte, daß das seelische Leben in abgeschlossenen oder auf Abschluß drängenden Reihen verläuft. Jede einzelne Frage mit ihrer Erledigung, jedes wissenschaftliche, künstlerische, technische Problem mit allem, was bis zu seiner vollendeten Lösung im Interesse der Lösung geschieht, jede auf ein noch so nahes oder noch so fernes Ziel gerichtete Handlung oder ganze Folge von Handlungen stellt eine solche Reihe dar, die in mehr oder weniger deutlich zu erkennende Abschnitte zerfällt. Diesen psychologischen Reihen läßt er biologische in allen ihren Teilen genau entsprechen. Sie laufen in nervösen Teilsystemen der grauen Hirnrinde ab, die gegen einander wohl abgegrenzt zu denken sind, obwohl sie sich über weite Gebiete des Zentralnervensystems erstrecken und auf das mannigfachste und verwickeltste einander durchsetzen und miteinander zu Teilsystemen höherer Ordnung verbinden. Solange keine Reihen in ihnen ablaufen, befinden sich die Teilsysteme in einem dynamischen Gleichgewichtszustand. Wird dieser gestört, so ist die Erhaltung des Teilsystems bedroht, ihm eine „Vitaldifferenz" gesetzt. Es ist aber der Bedrohung nicht wehrlos preisgegeben, sondern — und das ist für den Sinn des Hirnlebens von der größten Bedeutung — es geht von sich aus, autonom, zu Änderungen über, die eine Verminderung der Vitaldifferenz darstellen und auf Wiederherstellung des alten oder Herbeiführung eines neuen Gleichgewichtszustandes, eines Zustandes relativer Stabilität, gerichtet sind. Die Vitaldifferenz kann durch Nahrungsspeicherung oder durch Reize bedingt sein. Die Reize können vom Körper und seiner Umgebung, aber auch von anderen Teilsystemen desselben Großhirns ausgehen. So bedingte Störungen eines stabilen Zustandes und Tendenz zu neuer Stabilität[1]), das ist der allgemeinste und tiefste Sinn des Hirnlebens. Es ist das, was die Physiologie — für ihre Zwecke mit vollem Recht — weniger allgemein als Dissimilation der lebendigen protoplasmatischen Substanz und als Assimilation von Nahrungsstoffen beschreibt: weniger allgemein, weil diese physiologischen Begriffe nicht wie jene zugleich für das Seelenleben gelten. Denn Störung stabiler Zustände und Tendenz zu neuer Stabilität, das ist zugleich der allgemeinste und tiefste Sinn alles seelischen Lebens. Wir erfassen also mit diesen Begriffen das Wesen beider, des psychologischen Geschehens und des ihm zugeordneten biologischen. Damit ist auch an einem wichtigsten Punkte gezeigt, daß die von vielen Philosophen behauptete Kluft zwischen Geistes- und Naturwissenschaften nur künstlich, durch unangemessene Begriffsbildung offengehalten wird, und zugleich sind die falschen Vorstellungen des Materialismus, daß die Gedanken Absonderungsprodukte des Gehirns seien oder daß sich im zentralnervösen Prozeß chemische Energie in psychische umsetze, nicht nur verworfen, sondern durch zutreffende, beide Gebiete ganz gleichberechtigt behandelnde, ja sie wieder auf die einzige große „Gottnatur" zurückführende ersetzt, ohne daß wir nun anderseits in pantheistische Irrtümer verfielen. Wir bleiben mit alledem, wie oben angekündigt, den letzten Fragen durchaus fern und erörtern den Gegenstand nur so, daß keine Weltanschauung um ihrer Grundlagen willen gezwungen wäre, unsere Darlegungen abzulehnen[2]). So gut wie sich jede Weltanschauung mit den Gesetzen der Physik abfinden muß, z. B. mit dem Gesetz der Erhaltung der Energie, so gut muß es jede mit dem psychologisch-biologischen Gesetz der Tendenz zur Stabilität. Ja, das muß um so leichter fallen, als dieses Gesetz keineswegs nur für die organische Natur gilt, sondern bereits elementares Gesetz der anorganischen ist, für die die ihm unterfallenden Tatsachen einen allgemeinsten physikalischen Ausdruck im zweiten Hauptsatz der mechanischen

---

[1]) Petzoldt, Einführung a. a. O. II, 1. Abschnitt. — Jensen, Organische Zweckmäßigkeit, Entwicklung und Vererbung vom Standpunkte der Physiologie. Jena 1907.

[2]) Vgl. Petzoldt, Neue Grundlegung der philosophischen Propädeutik. Monatsschrift für höhere Schulen, 1920.

Wärmetheorie, bzw. der Energetik, und eine berühmte Deutung — durch Boltzmann — erfahren haben[1]).

Haben wir uns durch Aneignung der angedeuteten Untersuchungen und Überlegungen das Verständnis für das Leben des einzelnen zentralnervösen Teilsystems erschlossen und seine Bedeutung für die psychologischen Vorgänge erkannt, so liegt der Weg nun glatter vor uns. Er führt zunächst zur Betrachtung der Gesamtheit jener Teilsysteme eines Individuums, dann zu der der Gemeinschaften der Individuen unter solchen biologischen Gesichtspunkten und damit endlich zu unseren Strafrechtsproblemen.

Da gilt es freilich gleich wieder von vorn herein, ein Vorurteil abzulegen, das uns den Weg stark verbauen könnte. Man betrachtet gewöhnlich den Hirnmantel als im Dienste der Erhaltung des gesamten Organismus stehend wie das Herz, den Magen, die Gliedmaßen usw. Anatomie und Physiologie allein würden wohl auch nicht leicht zu einer anderen Auffassung Veranlassung geben. Mit der Psychologie aber ist sie nicht verträglich. Denn sieht man die Erhaltung und Förderung des Gesamtorganismus als Hauptzweck an, so können die Handlungen des Menschen sehr häufig damit nicht vereinigt werden, oft sogar die wertvollsten nicht, mit denen er sein Wohlergehen oder gar das Leben opfert. Der Widerspruch löst sich aber sofort, wenn wir den Hirnmantel selbst als das höchste biologische Gebilde betrachten und den übrigen Körper als seinen Wohnplatz und sein Werkzeug. Großhirn und übriger Körper leben wie in Symbiose. Der schwache und wehrlose menschliche Körper hätte sich ohne das Großhirn gewiß nicht in seiner Umwelt erhalten können. Das letztere hat sich aber weit über eine Beschaffenheit hinaus entwickelt, die für diese Erhaltung ausreichend gewesen wäre. Gebrauchen wir daher teleologische Vorstellungen als Hilfsmittel, so müssen wir den Hirnmantel als höchsten Zweck, den übrigen Körper nur als Mittel für diesen Zweck ansehen[2]). Der Name «Organ» ist darum für den Hirnmantel nur zum geringeren Teil zutreffend. In der Hauptsache ist der letztere autonom und Herr des übrigen Organismus, dieser sein Diener.

---

[1]) Petzoldt, Die vitalistische Reaktion auf die Unzulänglichkeit der mechanischen Naturansicht. Zeitschr. f. allgem. Physiologie 1909. Dazu vgl. Lampa, Über die Tendenz zur Stabilität. Festschrift für W. Jerusalem zu seinem 60. Geburtstag. Wien u. Leipzig 1915.

[2]) Petzoldt, Einführung a. a. O. II, S. 178 ff. und „Die biologischen Grundlagon der Psychologie" § 10, Zeitschr. f. positiv. Philos. II, 1914, S. 170.

Nun aber ist er selbst durchaus kein einheitliches Gebilde, sondern eine außerordentlich große Menge sehr verschiedener Teile, die wieder von Individuum zu Individuum im höchsten Maße differenziert ist. Dazu sind diese Teile keineswegs, wie im allgemeinen die Elemente der Körperorgane, alle harmonisch auf einen Zweck eingestellt, sondern es besteht zwischen ihnen Widerstreit und Kampf, Kampf um Nahrung und Macht. Ein Blick in unser individuelles seelisches Leben zeigt uns diesen Kampf deutlich, sowohl auf theoretischem wie auf praktischem Gebiet. Der Mensch ist ein Mosaik von zentralnervösen Haupt- und Nebenteilsystemen.

„Das Wichtigste an jedem Menschen sind dann seine zentralen Hauptteilsysteme; häufig wird es ein einziges sein, das an Bedeutung alle anderen überragt und das damit das Wesen, den Charakter, die Eigenart des betreffenden Menschen ausmacht. In den Dienst seiner Erhaltung treten dann die meisten, unter Umständen alle übrigen zentralen und sonstigen Teilsysteme des Individuums, seiner Behauptung, oder Durchsetzung werden die größten Opfer, in einzelnen Fällen selbst das Leben dargebracht, womit dann zwar jenes Hauptteilsystem selbst ebenfalls zugrunde geht, aber nicht als besiegtes, sondern noch im Untergang triumphierendes. Noch der sterbende Krieger ruft auf dem Schlachtfelde das Viktoria, und Giordano Bruno schreitet als Sieger auf den Holzstoß und in den Flammentod. Und aus demselben Prinzip heraus, aus dem wir das Verhalten dieser Helden verstehen, begreifen wir auch den Alkoholiker, den Wüstling, den Spieler, den Mörder“[1]).

Es bedarf wohl nicht des Hinweises, daß im ganzen Zusammenhang der hier entwickelten Theorie das Denken und Handeln in allen seinen Teilen und Seiten ohne jede Ausnahme der Naturkausalität unterliegt, daß hier also für die sogenannte Freiheit des Willens, soweit sie eben Entbundensein von der Naturgesetzlichkeit bedeuten soll, kein Platz ist. Aber das sei ausdrücklich gesagt und stark betont, daß Freiheit des Wollens und Handelns weder in sachlichem noch in logischem Gegensatz zur Kausalität oder vollständigen eindeutigen Bestimmtheit alles Geschehens steht. Vielmehr ist der wirkliche sachliche und logische Gegensatz zur Freiheit des Willens der Zwang, während der Gegensatz zur Naturnotwendigkeit Unbestimmtheit oder Gesetzlosigkeit ist. Und

---

[1]) Die biolog. Grundlagen der Psychol. a. a. O. S. 172.

so wenig Freiheit jemals Emanzipation von der Kausalität bedeuten kann, so wenig darf Naturnotwendigkeit schon an sich als Zwang betrachtet werden: vielmehr haben beide, sowohl die wahre Freiheit wie der Zwang, in ganz gleicher Weise die Naturnotwendigkeit zur Voraussetzung. Am klarsten wird die Freiheitsfrage in diesen Gegenüberstellungen, denen man noch als drittes Paar den Gegensatz von Kosmos und Chaos hinzufügen kann: den Kosmos als das Ergebnis der Eindeutigkeit des Naturgeschehens, das Chaos als eine Welt ohne Gesetzmäßigkeit[1]).

Für diesen Standpunkt sind Zurechnung und Verantwortlichkeit nicht bloß vereinbar mit der vollkommenen Bestimmtheit alles Geschehens, sondern ohne sie gar nicht möglich, ja gar nicht denkbar. Verantwortung ist eine Begründung einer Handlung, Zurechnung ein Vertrauen, Zutrauen, Glauben, daß jemand seine Handlungen begründen kann; wie soll beides denkbar sein, wenn an irgend einer Stelle Bestimmungsgründe der Handlung fehlen würden? Wer also jemandem eine Handlung zurechnet und ihn für sie verantwortlich macht, setzt damit die Begründbarkeit der Handlung und damit ihre Verursachung in allen ihren Teilen voraus, mag er sich dessen auch nicht bewußt sein, und wenn er es bestreitet, widerspricht er sich selbst. Damit ist natürlich nicht gesagt, daß, wenn eine Handlung ihrem Täter nicht zugerechnet wird, sie ganz oder teilweise nicht bestimmt, nicht verursacht wäre; die bestimmenden Hauptmomente sind dann nur nicht alle «ihm bewußt gewesene», «von ihm gewußte und gebilligte», die Handlung mindestens nicht in allen ihren Teilen «von ihm gewollt», «von ihm beabsichtigt».

Die soeben gegebenen Definitionen von Verantwortung und Zurechnung mögen vielleicht einer rein psychologischen Begründung des Strafrechts genügen, einer biologisch psychologischen können sie es nicht. Um hier zu zutreffenden Begriffen zu gelangen, muß die obige biologische Analyse fortgesetzt werden.

Die Individuen sind — jetzt rein biologisch gesehen — mittelbar oder unmittelbar immer Glieder irgendwelcher Gemeinschaften. Dabei hängt im allgemeinen das einzelne Individuum weit mehr von den Gemeinschaften namentlich der höheren und höchsten Ordnungen ab als die Gemeinschaften vom einzelnen Individuum. Und soweit sich die Gemeinschaften

---

[1]) Einführung a. a. O. I, S. 123ff.

erhalten und entwickeln, müssen die einzelnen Individuen im allgemeinen ihnen angepaßt sein und in ihrer Entwicklung mit der Entwicklung der Gemeinschaft hinreichend übereinstimmen. Weit mehr als für das einzelne Individuum ist für die Gemeinschaft namentlich wieder der höheren Ordnungen Erhaltung und Höherentwicklung oberster «Zweck», dem oft genug einzelne Individuen und auch Gemeinschaften niedrerer Ordnungen zum Opfer fallen. Die Entwicklung der Gemeinschaften ist wie die der Individuen auf eine Struktur gerichtet, die in keiner ihrer Komponenten noch Bedingungen für weitere fortschreitende Entwicklung trägt, sie unterfällt also ebenfalls dem Gesetz der Tendenz zur Stabilität[1]).

Daß die Individuen — immer noch rein biologisch genommen — Glieder solcher Gemeinschaften sind, beruht auf der durch die Schallwellenerregung usw. bedingten Möglichkeit, daß Vitalreihen von Zentralnervensystem zu Zentralnervensystem übergreifen können. Wir dürfen daher auch von Vitaldifferenzen und sich daran anschließenden Vitalreihen und Vitalreihensystemen ganzer Gemeinschaftssysteme sprechen die sich weithin über Individuengruppen und Generationen solcher Gruppen erstrecken können, entsprechend den von ihnen funktionell abhängigen psychologischen Vitalreihen, die wir als Entwicklungen wissenschaftlicher, künstlerischer, politischer usw. Probleme sich weithin über Raum und Zeit ausbreiten sehen — die gewaltigste Naturerscheinung, die Wunder des gestirnten Himmels weit hinter sich lassend.

Wir haben nunmehr hinreichende Mittel angegeben, um alle Handlungen der Menschen prinzipiell biologisch verstehen und allgemein beschreiben zu können. So muß ein faux pas, eine Taktlosigkeit, eine unfaire Handlung, eine Übertretung, ein Vergehen, ein Verbrechen als ein Vorgang angesehen werden, der je einem bestimmten neurologischen Gemeinschaftssystem eine Vitaldifferenz setzt; diese hat im allgemeinen weitere, vor allem nervöse Änderungen im Gefolge, die auf eine Wiederherstellung des gestörten Gleichgewichts oder einen neuen relativ stabilen Zustand gerichtet sind und mit der Erreichung einer solchen Systemlage abschließen. Und so sind Verfolgung des Täters, Verhaftung, Anklage, Strafprozeß und Strafvollzug Teile eines Vitalreihensystems, das die Behauptung des Gemeinschaftssystems «Staat» zum Ziele und im allgemeinen zur Folge hat.

---

[1]) Einführung a. a. O. II, 1. Abschnitt.

Wir müssen aber in die Zuordnung der Gedanken und Handlungen zu ihrer biologischen Unterlage noch weiter eindringen, um zu verstehen, was «Pflicht», «Recht», «Verantwortlichkeit» usw. für einen biologischen Sinn haben. Doch kann das hier nur leicht angedeutet werden.

Da ist es wieder von großer Wichtigkeit, uns von allen rationalistischen Ideologien wie dem „moralischen Gesetz in mir", dem kategorischen Imperativ, dem Naturrecht usw. gänzlich frei zu halten, da sie alle eine petitio principii in sich bergen, die wirklichen Tatsachen romantisch entstellen und ihnen Wünsche unterschieben, die günstigenfalls einmal eine ferne Zukunft erfüllen wird. Es müssen die wirklichen Gewohnheiten der Menschen zu handeln, ihre tatsächlichen Beweggründe und Ziele, ihre nicht verschleierten Grundsätze ins Auge gefaßt werden. Die Wissenschaft muß dem ernsten Arzte gleichen, dem an einer unbeirrten Diagnose liegt. Die Deutlichkeit der Dinge mag gemein sein, aber ohne ihre Erkenntnis wird die Menschheit nie den goldenen Duft der Morgenröte erhoffen dürfen, nach dem sie sich sehnt.

Daher ist es notwendig, nicht vom «Sein-Sollenden», von idealen sittlichen Forderungen auszugehen, sondern von den tatsächlichen Handlungsweisen des einzelnen Menschen und aller Ordnungen der Gemeinschaften bis hinauf zu Staat und Menschheit. So gelangen wir zum Begriff des ethischen Bestandes des einzelnen, einer Familie, eines Stammes, eines Standes usw. Er ist der Maßstab der sittlichen Beurteilung. Die schon ausgeführten oder nur vorgestellten Handlungen, die mit ihm übereinstimmen, werden gebilligt, die von ihm abweichenden verworfen. Er ist also von relativer Stabilität und hat somit zur biologischen Unterlage ein zentrales Hauptteilsystem, das die Fähigkeit hat, sich Bedrohungen gegenüber autonom zu behaupten.

Von diesem Standpunkt aus kann man die Begriffe des «Sollens», der «Reue», des «Gewissens», der «Pflicht», der «Neigung», des «sittlichen Charakters» bestimmen[1]) und ebenso noch weiter in die Fragen der «Freiheit», der «Zurechnung» und der «Verantwortung» eindringen[2]). Das ist an den angeführten Stellen geschehen. Wir gelangen aber auch von hier aus zu einer positivistischen Bestimmung des Begriffs des Rechts.

Der ethische Bestand eines Volkes war der Inbegriff der

---

[1]) Einführung a. a. O. I, S. 214 ff. [2]) Ebenda S. 236 ff.

überwiegend gepflegten, tatsächlich ausgeübten und somit wirklich geltenden Handlungsweisen seiner Glieder, sowohl der Gemeinschaften aller Arten wie der einzelnen. Aus diesen durch ein hohes Maß von Übung relativ befestigten Handlungs- oder Verhaltungsweisen, die sich aber keineswegs zu einem widerspruchslosen System ordnen lassen, heben sich, mehr oder weniger geordnet, die heraus, die man in ihrer Gesamtheit als Funktionen des «Staates» betrachtet. Analysiert man sie, so findet man, daß sie sich aus biologisch-psychologischen, rein biologischen und physikalischen Vorgängen zusammensetzen, z. B. alle Handlungen eines Ministeriums, die die Erledigung eines bestimmten Auftrags oder Eingangs bedeuten. Als die wichtigsten unter jenen Vorgängen gelten uns die rein psychologischen Komponenten, die «Überlegungen», «Anordnungen», «Unterweisungen», «Ausführungen» usw. Diese haben nun aber in ihrer Gesamtheit sicher kein Subjekt, keinen «immateriellen» Träger, von dem sie ausgehen, es liegt ihnen keine «geistige Substanz» im Sinne des so bezeichneten philosophischen Begriffs zugrunde, d. h. es gibt kein psychologisches Wesen «Staat», psychologisch ist der Staat nichts außer der Gesamtheit der staatlichen Funktionen, und zwar der aktuellen, gerade sich vollziehenden. Indessen empfiehlt es sich nicht, seinen Begriff hierauf einzuschränken, sondern alle seine potentiellen, möglichen Funktionen mit in ihn aufzunehmen. Vollständig werden wir ihn aber erst haben, wenn wir mit ihm auch die biologischen Grundlagen aller jener Funktionen umfassen, also die biologischen Prozesse, von denen sie bedingt sind, und alle zentralen Teilsysteme, in denen sie ablaufen. Ja, entsprechend unseren substanzliebenden und substanzialisierenden Sprachgewohnheiten kann man es nicht für ausgeschlossen halten, daß eine künftige Staatsrechtslehre den Staatsbegriff auf diese Gesamtheit von zentralen Teilsystemen beschränkt und sie zum logischen Subjekt jener Funktionen macht, bis einmal eine ferne Sprachentwicklung die letzten Reste der animistischen Periode des menschlichen Denkens beseitigen wird. Aber auch dann noch wird die biologische Komponente den Staatsbegriff bilden helfen, nur daß dann auch rein gefühlsmäßig der schneidende Gegensatz von «Natur» und «Geist» überwunden sein wird.

Der Staat kann im schlichtesten seiner Bürger verletzt und bedroht werden, selbst noch im Verbrecher. Also erstreckt sich das biologische System «Staat» in die Zentralnervensysteme aller seiner «Angehörigen».

Der Staat ist, entsprechend dem Obigen, ein Teil des — psychologischen und biologischen — ethischen Bestandes eines Volkes. In den historisch gegebenen Formen können die Forderungen beider zu tragischen Konflikten führen (Antigone-Problem). Nach dem Prinzip der Tendenz zur Stabilität ist aber die Entwicklung auf die Beseitigung solcher Möglichkeiten gerichtet. Dabei passen sich im allgemeinen die Forderungen des Staates denen der fortschreitenden Ethik an, was zu beachten auch für die Entwicklung des Strafrechts wichtig ist. Einst werden die Staaten ganz im Dienst der Behauptung der ethischen Bestände der Völker, zuletzt im Dienst der Behauptung des ethischen Bestandes der Menschheit stehen. Biologisch ist dieser Prozeß als ein Kampf von Teilen im Organismus und als funktionelle Selbstgestaltung des Zweckmäßigen (Roux) anzusehen.

Ehe wir nun endlich die biologische Stellung des Strafrechts bestimmen, möge um des Überblicks über das Ganze willen erst noch die Stellung des ethischen Bestandes angegeben werden. Neben seiner biologischen Unterlage stehen als weitere höchste neurologische Teilsysteme die Unterlagen des existenzialen, des logischen und des ästhetischen Bestandes[1]). Die Gesamtheit dieser psychologischen Bestände und ihrer biologischen Grundlagen werden wir zutreffend als die Kultur eines Volkes, einer Völkergruppe, einer Volksschicht usw. bezeichnen: sprechen wir doch schon von ethischer, ästhetischer und wissenschaftlicher Kultur, und das, was oben als existenzialer und als logischer Bestand getrennt aufgeführt wurde, könnte auch als wissenschaftlicher Bestand zusammengefaßt werden, dem man einen technischen und vielleicht andere einzuordnen hätte.

Der höchste Entwicklungserfolg der psychologisch-biologischen menschlichen Gemeinschaften ist dann die Kultur. Gebrauchen wir wieder für diesen Erfolg, dessen jeweilige Phasen vollkommen eindeutig bestimmt zu denken sind, das Bild vom Zweck, so ist als der höchste Zweck menschheitlicher Entwicklung die Kultur und ihre möglichst große Steigerung anzusehen, und die ihm untergeordneten Teilzwecke erscheinen dann ihm gegenüber als Mittel. Der Staat ist danach als ein Mittel für den Zweck der ethischen Kultur zu betrachten. Mit seinen Funktionen hebt er die dem Gesamtsystem Volk, Nation usw. gesetzten Vitaldifferenzen auf und führt so wieder

---

[1]) Einführung a. a. O. I, 6. ff. Kapitel.

den früheren oder einen neuen relativ stabilen Zustand herbei. Daß in ähnlichem Maße, wie er etwa selbst erschüttert oder bedroht wird, auch die Kultur gefährdet ist, haben wir zu beobachten gegenwärtig reichlich Gelegenheit.

Zu den «Mitteln» des Staates, seinen «Zweck» zu erfüllen, gehört nun das Recht, im besonderen das Strafrecht. Dieses ist ein System von Rechtsregeln oder Handlungsweisen, deren glückende Anwendung die Behauptung des Staates und damit des ethischen Bestandes und der Kultur des Volkes gegenüber verbrecherischen Angriffen zur Folge hat. Dabei muß man klar darüber sein, daß das wirkliche lebendige Strafrecht in dem Funktionieren der Gesamtheit der zentralen Teilsysteme besteht, die die geübten Richter und Rechtslehrer ausmachen. Ohne die Prozesse in diesen neurologischen Gebilden würde kein Staat und keine Kultur bestandfähig sein. Selbst die niedersten Kulturen bedurften und bedürfen noch heute der Richter und einer Rechtsüberlieferung. Ob aber einst eine Höhe der Kultur erreicht werden wird, auf der es keine Verbrechen mehr gibt, darüber läßt sich heute noch nichts Bestimmtes vermuten. Und daß die gesamte Entwicklung des Strafrechts von den frühesten bis in die fernsten Zeiten eben zugleich eine biologische Entwicklung ist, und daß erst im Verständnis dieses biologischen Geschehens das eigentliche wissenschaftliche Verständnis gegeben ist, weil hier allein volle Kausalität, vollkommene eindeutige Bestimmtheit wenigstens im Prinzip vorliegt, das kann heute dem nicht mehr zweifelhaft sein, der den Glauben an den Rationalismus verloren hat.

Aber jenes Verständnis besteht nicht etwa darin, daß man sich zu den psychologischen Vorgängen nur biologische Bilder oder Gleichnisse macht, wie es die Assoziationspsychologie tut. Das wäre nur eine illustrative Anschauung, die allenfalls der Anatomie des Großhirns mit ihren Rindenfeldern und Assoziationsfasern einen Dienst leisten könnte, wenn auch nur einen sehr allgemeinen, die aber für das tiefere Eindringen in das Wesen des psychologischen Geschehens selbst kaum eine Bedeutung hätte. Nicht auf die Anatomie der den geistigen Vorgängen zugrundeliegenden neurologischen Systeme kommt es hier in erster Linie an, auch nicht auf ihre Physiologie im engeren Sinne, also auf die Physik und Chemie ihres Stoffwechsels, sondern auf ihre Biologie, auf ihre Lebensführung, darauf, worin dieses Leben hauptsächlich besteht. Das ist aber Tendenz zur Behauptung seiner selbst, zur Durchsetzung seiner Eigenart und zur Entwicklung zu höherer, kräftigerer, gesicherterer Form, ist Kampf gegen konkurrierende und widerstreitende Teilsysteme, aber auch Förderung «unterstützender» Systeme. Der Kampf besteht darin, daß das kräftigere System die größere Nahrungsmenge an sich zieht, sie dem schwächeren vorwegnimmt, und daß die in ihm ablaufenden Prozesse Bedrohung, Gefährdung, Schwächung, ja Vernichtung für die gegnerischen Teilsysteme sind, überhaupt ihnen Vitaldifferenzen setzen. Die Förderung verbundener Systeme ist aber damit gegeben, daß Änderungen des einen Systems für das gekoppelte System Verminderung und Aufhebung seiner Vitaldifferenzen, im besonderen wahrscheinlich auch Nahrungszufuhr bedeuten, indem Ausscheidungen des einen Nährstoffe für das andere sind oder solche abgeben. Das ist durchaus analog dem Kampf, der im Ackerboden zwischen dem «Unkraut» und den «Kulturpflanzen» stattfindet, und der gegenseitigen Unterstützung, die zwischen den Wurzeln der Bäume oder der Getreidearten und den mit ihnen symbiotisch lebenden Bodenbakterien besteht.

Sind wir von der Bedingtheit unseres ganzen geistigen Lebens durch diese biologischen Vorgänge durchdrungen, dann werden wir auch Früchte dieser Erkenntnis ernten, Früchte, wie sie die Assoziationspsychologie aus ihrem nur illustrativen psychophysischen Parallelismus niemals ernten konnte, und wie sie dem Rationalismus immer vorenthalten bleiben müssen. Denn wir gewinnen damit das Verständnis für die gewaltigen Irrationalitäten der Welt, denen gegenüber der Rationalismus immer hilflos geblieben ist.

Er hat uns nie über das Böse, das Unsittliche, das Verbrechen befriedigend zu belehren vermocht: seine Lehre von der Freiheit des Willens ist ein Verzicht auf die wissenschaftliche Aufklärung jener Fragen. Wie kann die «freie» Vernunft den «Trieben zum Bösen» unterliegen, ohne daß eben der «freie» Wille durch diese Triebe bestimmt wird, sich also als «unfrei» erweist? Oder wie kann «freier» Wille sich für das Böse entscheiden, wenn er doch die Wahl hat und mit der Erkenntnis von Gut und Böse gepaart ist? Der Rationalismus stand aber schon in seinem Schöpfer Platon der Natur mit sehr geringem Verständnis gegenüber. Die «Materie» — und das war für Platon das Prinzip der Natur — verhinderte, daß die Ideen, also reine Vernunft, sich recht zur Geltung brachten, wie das sittliche Ideal nie durch die menschlichen Handlungen erreicht werden kann. So verfügte er von ethischem Standpunkte aus über die Natur, und so wurde sie ihm zum Prinzip des Unvollkommenen und des Schlechten[1]), zum Widerpart des Geistes, und dies mittelalterliche Erbe hindert uns noch heute, sie leidenschaftslos, jenseit von Gut und Böse zu betrachten. Natur ist aber weder das eine noch das andere allein, sondern beides.

Wie gegenüber dem Bösen war der Rationalismus auch dem Irrtum gegenüber ratlos. Er ging mit dem Vorurteil an die Betrachtung der Welt heran, daß das Wesen, der Kern der Dinge vernünftig sein müsse. So war es ganz folgerichtig, daß Hegel den Irrtum, also Irrationales, zu rationalisieren suchte, den Widerspruch zur Wahrheit machte, das Nichtseiende zum Seienden und alles Wirkliche zum Vernünftigen. Es sind logische Konsequenzen des theoretischen Idealismus. Unbefangenes Denken wird in ihnen aber nur einen Beweis dafür sehen, daß der Welt eben kein Vernunftprinzip zugrunde liegt und wird sich daraus den Blick für die Tatsache schärfen, daß sich Vernunft nur in langsamer Entwicklung und immer kämpfend durchsetzt und daß «Wahrheit» und «Gerechtigkeit» nicht am Anfang, sondern allenfalls am Ende menschheitlicher Entwicklung stehen: Es gibt kein Recht, das mit der Menschheit geboren ist. Sie muß es sich erringen. Es ist Kulturprodukt und seine jeweilige Phase ein Wertmesser der erreichten Kulturhöhe.

Darum ist aber auch Kampf gegen das Böse Pflicht und das Strafrecht unterfällt der Strafpflicht. Nur bedarf es noch der Aufklärung des Strafbegriffs. Ehe wir sie aber zu geben versuchen, möge noch angedeutet werden, warum denn in jenem Kampf der neurologischen Teilsysteme schließlich diejenigen die größte Aussicht auf unbestrittene Herrschaft haben, durch die das «Vernünftige» und «Gute» und «Rechte» bedingt sind.

Wir kennen das Gesetz bereits: es ist das der Tendenz zur Stabilität (S. 11 ff.), das in jeder Vitalreihe zu erkennen ist, in der psychologischen wie in der sie bedingenden biologischen. Avenarius beschreibt diese Reihen ausführlich[2]) und ich muß hier darauf verweisen. Die psychologischen beginnen mit einem von einem «Gewohnten», «Sicheren», «Bekannten», «Verstandenen», «Selbstverständlichen» «Ab-

---

[1]) Weltproblem a. a. O. S. 99 ff.

[2]) Avenarius, Kritik der r. Erf. [2] a. a. O. II S. 221 ff. Dazu Petzoldt, Einführung a. a. O. I, S. 96 ff.

weichenden», ihm «Widersprechenden» und enden mit der Widerherstellung jener bedrohten Werte. In unserem Zusammenhang dürfen wir auch unmißverständlich sagen: sie beginnen mit relativ Irrationalem und münden in relativ Rationales. Schließlich trägt nur das relativ Rationale die Gewähr größerer Dauer in sich, und biologisch kann nur das von Bestand sein, dessen Komponenten keine Ursachen für weitere Änderungen mehr enthalten. Unerläßliche Bedingung für die Entwicklung zu immer höheren Stufen ist aber das Auftreten einer genügenden Zahl hervorragender Träger der Entwicklung und Erhaltung der Entwicklungsfähigkeit der Menschheit. Wenn solche Führer nicht vorhanden sind oder nicht hinreichend zur Geltung kommen können, dann treten Zustände auf, die von sich aus unbegrenzte Dauer gewährleisten und von einem höheren Standpunkt aus als unbefriedigend und irrational erscheinen würden, wie es die niederen Kulturen vieler Negerstämme, unsere mittelalterliche und die chinesische Kultur oder das preußische Junkertum erkennen lassen. In solchen Verhältnissen findet der Satz seine Begründung, daß Macht vor Recht gehe.

Auch dem Strafbegriff gegenüber versagt der Rationalismus. Die Strafe hat sich aus der Rache entwickelt und verleugnet diese Herkunft selbst heute noch nicht. Rache will schädigen, quälen, töten. Gewiß hat das biologisch den Erfolg der Behauptung des angegriffenen Systems, ist also als Einrichtung der Natur wohl begreiflich. Rache ist aber blind, fragt nicht nach den Ursachen der Tat, die den Rächer geschädigt hat, hält kein Maß, freut sich über das Leid des Gegners, weiß nichts von den Nachteilen, die sie der Gesamtheit durch Irrtum oder Übermaß zufügt, ist irrational.

Wieder aber wendet sich die geschichtliche Entwicklung vom Irrationalen weg dem Rationalen zu. Aus Mitleid und in immer schärferer Erkenntnis des Zwecks.

Mitleid ist nicht Fühlen des Leids des andern, nicht Empfinden desselben Leids, sondern ist Leid über sein Leid, ein starker Ausdruck für den psychologischen Drang nach ungestörten Gleichgewichtszuständen: die instabile Lage des anderen wird zu unserer eigenen[1]). So wurzelt es ebenfalls in biologischer Tiefe, und sein mildernder Einfluß auf Rache und Strafe im Laufe der Zeiten erscheint natürlich. Aber auch das Mitleid hält kein Maß und weiß nichts von den

---

[1]) Ausführliches in Einführung a. a. O. II, S. 75ff.

Nachteilen, die es der Gesamtheit durch Irrtum und Übermaß zufügt. Das können wir jetzt alle Tage in Berliner Hauptstraßen an dem falschen Mitleid mit simulierenden Kriegsbeschädigten bestätigt finden.

So kann das rechte Maß für die Strafe nur aus der lebendigen Einsicht in ihren schließlichen Zweck gefunden werden oder — nach dem Stabilitätsprinzip — in einem Gedankensystem, in dem alle den Strafbegriff bestimmenden Momente zum Ausgleich, ins Gleichgewicht gekommen sind. Ein solches System haben wir hier zu umreißen versucht. Es läßt für die Strafe nichts anderes übrig, als was die soziologische Richtung der Strafrechtsforscher schon seit mehr als drei Jahrzehnten vertritt: Schutz der menschlichen Gesellschaft vor dem Verbrecher, dessen antisoziale Tätigkeit überwiegend eine sozialpathologische Erscheinung ist, Unschädlichmachung des nicht mehr erziehungsfähigen Verbrechers, Gewinnung des besserungsfähigen für die positive Mitarbeit an den Zielen der Gesamtheit.

Muß in den Strafbestimmungen heute noch Rücksicht auf das Rechtsgefühl des Volkes genommen werden, das noch stark von der Rache beeinflußt ist, so ist alles, namentlich in den Schulen aller Arten und Grade zu tun, um jenes Gefühl durch die Einsicht in den wirklichen Zusammenhang der Dinge zu erziehen. Der von vielen Pädagogen geforderte Bürgerkunden- und ein aufgeklärter Religionsunterricht, aber auch der biologische und biologisch-psychologische geben dazu immer wieder Veranlassung.

Für den Richter aber ergibt sich aus den hier gegebenen Darlegungen die Forderung, das Rachegefühl vollständig zu überwinden. Das wird ihm um so leichter fallen, je mehr ihm die Einsicht in die biologische Bedingtheit alles Denkens und Tuns zum lebendigen und immer bereiten Besitz und vertrauten Werkzeug wird. Im alten Griechenland wurden noch leblose Gegenstände, wie etwa ein Stein, die Veranlassung zu einem schweren Unfall gegeben hatten, von regelrechten Gerichten schuldig gesprochen und verurteilt, über die Landesgrenze geworfen zu werden. Ebenso lächerlich, wie uns heute solcher Fetischismus vorkommt, wird es künftigen Geschlechtern erscheinen, daß bei Verurteilungen der nicht beabsichtigte und nicht voraussehbare Erfolg der Handlungen des Täters statt nur seine deutlich bekundeten und festgehaltenen Absichten und die voraussehbaren Folgen mitspricht und daß auch sonst noch im Verfahren und im Urteil die

Empörung über die verbrecherische Tat keine geringe Rolle spielt. Der Richter wird seinem hohen Beruf umso besser entsprechen, je mehr es ihm gelingt, die Entrüstung über die noch so beklagenswerte Tat zurückzudämmen, und je mehr er sich, so lange er die Untersuchung führt und die Entscheidung fällt, jenseit von Gut und Böse stellt und die noch so entsetzliche Tat nur wie ein Naturereignis nimmt, dessen Wiederkehr unter möglichst geringer Schädigung der menschlichen Gesellschaft, der ja auch der Verbrecher angehört, möglichst verhindert werden muß. Ohne größte Berücksichtigung der biologisch-psychologischen Bedingungen einer Tat gibt es keine wahre Gerechtigkeit.

Die Zukunft des Strafrechts.

I.

Von Geheimem Hofrat Dr. v. Beling, ord. Professor an der Universität München.

Wie der Umkreis der strafbaren Handlungen abzustecken ist, wie beschaffen und wie hoch die Strafe sein soll, hängt im letzten Ende von Grundwertungen ab, die außerhalb der strafrechtlichen und überhaupt der juristischen Betrachtung liegen. Nachdrücklichst muß der Jurist aber fordern, daß das neue Gesetzbuch logisch folgerichtig durchgearbeitet sei. Dazu gehört vor allem klare und durch das ganze Gesetzbuch hindurch einheitliche Herausstellung des Strafbegriffs. Vorbeugungsmaßregeln dürfen weder „Strafe" genannt, noch in verschwommener Weise mit der Vergeltung zusammengeworfen werden. Denn die Voraussetzungen und der Schweregehalt der Maßregel sind hüben und drüben grundverschieden; der Gedanke einer der Schuld proportionalen Vergeltung führt praktisch zu ganz anderen Ergebnissen, als der Gedanke der Sicherung gegen erwartete Übeltaten. Bei Identifizierung der Strafe mit den sichernden Maßnahmen müßte man in den Kauf nehmen, daß entweder um der notwendigen Vorbeugung halber ein Unschuldiger gestraft oder ein Schuldiger über das Maß dessen, was er verdient, hinaus gestraft wird; oder in verkehrter

Rücksichtnahme auf den Proportionalitätsgedanken die Sicherung gegen gefährliche Menschen schwächlich ausfällt. Gegen jenes bäumt sich der Gerechtigkeitssinn, gegen dieses der Zwecksinn auf. Reinliche Scheidung tut not. Dann erst läßt sich auch die Frage ersprießlich lösen, inwieweit an die Strafe sichernde Maßnahmen anzulehnen oder ihr solche einzufügen sind, und inwieweit sich die Strafe um des Sicherungsgedankens halber Abstriche gefallen zu lassen hat.

2.

Von Dr. med., phil. (h. c.) et iur. (h. c.) A. Forel (Yvorne), vormals ord. Professor der Psychiatrie und Direktor der Irrenanstalt Burghölzli in Zürich.

Die Zukunft des Strafrechtes liegt meiner Ansicht nach in seiner Aufhebung, d. h. in der Entfernung eines jeden Rechtes zur Strafe. Was für ein Recht hat der Mensch, andere seiner Mitmenschen für Taten sühnen zu lassen, die entweder aus einer unsozialen erblichen Anlage, an der sie selbst keine Schuld tragen, oder auf mangelhafter Erziehung, oder auf schlimmer, zuweilen verzweifelter äußerer Lage, oft verbunden mit schlechten sozialen Sitten, wie z. B. Alkoholgenuß, oder noch auf einer Kombination dieser verschiedenen Ursachen beruhen?

Unser ganzes heutiges Strafrecht ist ein Atavismus, ein Überrest alter barbarischer Sitten, mit dem römischen Recht, dem Judentum und dem Christentum weiß Gott wie zusammengekleistert. Es will das Taliongesetz, die Vergeltung, fast sogar die Blutrache der Vendetta mit dem plutokratischen „Rechte" des Besitzenden und des Starken (Militärstrafrecht) sowie mit der christlichen Nächstenliebe und sogar mit der Wissenschaft verbinden! Was sind dies für schreiende innere Widersprüche! Nur die Macht der Gewohnheit alter traditioneller Vorurteile, verbunden mit den erblichen Raubtierinstinkten des Menschen, kann ein so morsches Gebäude noch, trotz seiner grausamen Lächerlichkeit, aufrecht erhalten, und als „Recht" oder „Gerechtigkeit" scheinheilig gelten lassen. Die heutige Moral des Strafrechtes liegt in dem bekannten: „Laß dich nicht erwischen!"

Ich übertreibe nicht. Besonders in drei Arbeiten: „Über die Zurechnungsfähigkeit des normalen Menschen" (Verlag von Ernst Reinhardt, München 1907), „Verbrechen und konstitutionelle Seelenabnormitäten" (gleicher Verlag, 1907) und „Die sexuelle Frage", Kapitel XIII (12. Auflage 1919, gleicher

Verlag) habe ich meine Ansicht über die vorliegende Frage geäußert und will dieselbe hier nur kurz zusammenfassen.

Unser ganzes Strafrecht ist auf die Selbsttäuschung einer absoluten Willensfreiheit der Menschen aufgebaut. Wir können nichts „Absolutes" überhaupt erkennen, auch keine absolute Vorausbestimmung unseres „Schicksals" (Fatalismus). Folglich kann sich unsere relative Erkenntnis des Kausalitätsgesetzes nur auf den „Determinismus" beschränken. Dieser beweist nun aber, daß wir weder geistig in uns selbst, noch in der Welt außer uns eine Wirkung ohne Ursache nachweisen können. Ferner wurde die Selbsttäuschung unserer Willensfreiheit durch ein tieferes Studium des Unterbewußten, nämlich durch den Hypnotismus und die Psychanalyse (siehe A. Forel, Der Hypnotismus, Stuttgart, Ferd. Enke, 8. und 9. Auflage 1919) zum größten Teil aufgeklärt. Diese Aufklärung gibt unserem alten Strafrecht den Todesstoß.

Daher müssen die Begriffe der Sühne, der Strafe und der Vergeltung als tiefes Unrecht wegfallen. Bei den Geisteskranken half sich das Strafrecht mit dem Begriff der „Unzurechnungsfähigkeit", nachdem die früheren Teufelaustreibungen oder Verbrennungen im 19. Jahrhundert nicht mehr angingen. Sehr bald aber erwies es sich, daß der Schlüssel der Irrenanstalt einen sehr schlechten Torwächter zwischen Willensfreiheit und Willensunfreiheit darstellt. Die Abstufungen zwischen Zurechnungsfähigkeit und Unzurechnungsfähigkeit sind unzählig, wechseln sogar im gleichen Gehirn, nicht nur zu verschiedenen Zeiten, sondern auf verschiedenen Geistes- oder Affektgebieten zu gleicher Zeit.

Was muß nun an Stelle des Strafrechtes zum Schutze der Menschheit für den Bestand ihrer sozialen Kollektivitäten, oder, noch besser, ihres Ganzen, geschaffen werden? Denn gegen gefährliche, Andere schädigende Individuen kann ein solcher Schutz, unsere Raubtiernatur einmal wie sie ist angenommen, leider nicht entbehrt werden.

Wir haben es soeben ausgesprochen: ein Schutzrecht. Ein Schutzrecht des Schwächeren gegen den Stärkeren, des Gesunden gegen den Kranken und des Kranken gegen den Gesunden, des Arbeitenden gegen den Faullenzer, des Weibes gegen den Mann, des Unterdrückten und des Ausgebeuteten gegen den Unterdrücker und den Ausbeuter, des Ehrlichen gegen den Heuchler und Streber, des Biederen gegen den Schurken — mit einem Worte, wir brauchen eine Schutzorganisation für das soziale Wohl der Gemeinschaft.

Aus was soll diese Schutzorganisation bestehen?

Schon im Jahre 1884 habe ich für den Jahresbericht des Züricher Hilfsvereins für Geisteskranke unter dem Titel: „Warum, wann und wie sperrt man Menschen in Irrenanstalten ein? Geistesstörung, Gesetz, Moral und Strafanstalten" folgende Anstalten empfohlen:

I. Offene:

A. Diverse Spitäler für körperliche Krankheiten (hier nicht näher zu bezeichnen). Alle mit dem Heilapparat usw. reichlich ausgestattet und durch tüchtige ärztliche Kräfte geleitet. Zugleich Unterrichtsanstalten für Ärzte.

B. Einfache Versorgungshäuser, möglichst einfach, auf dem Lande, zugleich Altersasyle. Auch zugleich Asyle für ganz harmlose, arbeitsunfähige, gebrechliche Geisteskranke oder Geistesschwache.

C. In Verbindung mit der geschlossenen Irrenpflegeanstalt (F) oder in der Nähe derselben eine offene Irrenkolonie für arbeitsfähige harmlose Geisteskranke und Schwachsinnige. Sie kann leicht unter derselben ärztlichen Aufsicht stehen, wie die Irrenpflegeanstalt, und durch landwirtschaftlichen Betrieb nützlich werden.

D. Taubstummenanstalten, Anstalten für nicht geisteskranke Epileptiker und Blindeninstitute nach bekannten vorzüglichen Mustern.

II. Geschlossene:

E. Eine spitalartige Anstalt für heilbare Geisteskranke mit Einschluß leichterer Fälle (vieler sogenannter Nervenleiden), zugleich Unterrichtsanstalt für Ärzte. — Es müßten Ruhige und Unruhige völlig getrennt sein. Überhaupt müßte hier nichts gespart werden an den nötigen Räumlichkeiten, Heilapparaten, an der ärztlichen Behandlung und Aufsicht sowie am Wartepersonal. Diese Anstalt brauchte nicht für sehr viele Kranke eingerichtet zu sein, denn alle gänzlich unheilbaren Elemente sollten durchaus ausgeschlossen sein, resp. nach gemachter Diagnose sofort evakuiert werden können. Dieses wäre die wirkliche Heilanstalt für Geisteskranke, wohin die noch heilbaren Geisteskranken rechtzeitig kommen sollten.

F. Eine Pflegeanstalt für unruhige, unreine oder gefährliche chronisch Geisteskranke und schwere Idiotismusfälle. Viel Raum sollte hier für genügende Trennung der Unruhigen verwendet werden, damit dieselben sich nicht gegenseitig reizen und aufregen. Hier wäre eine einfache, aber zweckmäßige Einrichtung am Platze. Die Oberleitung muß eine irrenärztliche sein. Die Hauptaufgabe des Direktors besteht in der bekannten richtigen Behandlung, resp. Verpflegung und Angewöhnung unheilbarer Irren. Dieselben dürfen vor allem nicht durch Vernachlässigung verkommen, müssen human und liebevoll behandelt und vor Reizungen bewahrt so viel als möglich zur Arbeit verwendet werden.

G. Eine Erziehungsanstalt für bessere idiotische und schwachsinnige Kinder, sowie für Kinder mit angeborenen Charakterfehlern. Hier wären scharf getrennte Abteilungen, je nach dem moralischen Verhalten, sowie je nach den Fähigkeiten nötig, und darauf begründete Anregungsmittel zum besseren Verhalten.

H. Die nach umgewandeltem Strafrecht in Korrektions- und Versorgungsanstalten umgewandelten Strafanstalten, welche vielleicht in vier Hauptkategorien zu zerfallen hätten: I. Anstalten für moralisches Irresein, resp. für Zwischenformen zwischen Irrsinn und Verbrechernatur, II. Trinkerasyle, III. Verbesserungsanstalten für besserungsfähige Verbrecher, IV. Sicherheitsanstalten für unverbesserliche Verbrecher.

Es ließen sich vielleicht einige dieser Kategorien vereinigen. Der Grundsatz wäre also hier Unschädlich-, resp. Nutzbarmachung schädlicher Menschen. Die Behandlung, resp. Handhabung hätte zu bestehen in Beschränkung der persönlichen Freiheit, Arbeit, Wetteifer, strenger moralischer Disziplin und, trotz allem Ekel und Vorurteil: Nächstenliebe. Letztere kann, man weiß es, durch Anregung verborgener Gemütsfasern bei den Kategorien H. II und H. III noch Wunder bewirken. Allerdings ist leider bei den Kategorien H. I und H. IV fast immer alles umsonst.

Nicht die Schwere der begangenen Missetat oder Taten, sondern das länger beobachtete moralische Verhalten und die wahre (nicht geheuchelte) Reue der betreffenden Menschen sollte maßgebend sein für die Dauer und den Ort der Reklusion.

. . . Ein Geisteskranker kann der beste, moralischste Mensch der Welt sein und in der Angst oder durch Wahnideen einen Mord begehen. Dieser gehört in eine gewöhnliche Irrenanstalt, unter Umständen in eine Heilanstalt. Umgekehrt kann ein Mensch, der an moralischem Irresein leidet, noch nie ein eigentliches Verbrechen begangen haben, und dennoch gehört er in die Anstalt für Geisteskranke mit Verbrecherneigungen. Denn man soll nicht warten, bis er Unglück angestellt hat. Wie viele Lumpen, mißratene Söhne und Töchter, Vaganten, Gewohnheitsdiebe, Brandstifter, sogar Lustmörder mit beschränkten Gehirnen gehören in eine solche Anstalt! Diese Anstalten sollten einer außerordentlich gebildeten, intelligenten, sachkundigen Leitung unterstellt werden.

Die Frage, ob die Beseitigung der abscheulichsten Exemplare menschlicher Gehirne durch schmerzlosen Tod nicht das Beste und Humanste wäre, will ich nur andeuten und hier unerörtert lassen. Ebenso die Frage der Verhinderung der Fortpflanzung verbrecherischer Menschen. Es sind dies noch ganz unreife, obwohl sehr beachtungswerte Fragen.

Alle Insassen geschlossener Anstalten würden nach genügender Besserung oder Heilung ihrer schädlichen Eigenschaften frei gelassen, zunächst halb oder bedingt frei, dann, wenn es gut ginge, probeweise vollständig frei und schließlich definitiv. Die unverbesserlichen dagegen, sofern es sich nicht um harmlose, unheilbare Geisteskranke oder Idioten handeln würde, müßten zeitlebens beschränkt bleiben. — Daß die Beschränkung selbst verschiedene Grade je nach Gefährlichkeit, Entweichungssucht usw. haben müßte, ist selbstverständlich.

Ich stehe heute nach 35 Jahren auf dem gleichen Boden. Aber seitdem wurden nicht nur die Trinkeranstalten sehr verbessert und in Asyle für heilbare und unheilbare Trinker eingeteilt, sondern es wurde außerdem das vortreffliche sogenannte Pollarsystem der bedingten Verurteilung oder Freilassung vielfach eingeführt, wo der Trinker nur dann eingesperrt wird, wenn er nicht ganz alkoholabstinent wird resp. bleibt. Außerdem soll man zukünftig überhaupt, je nach den affektiven Neigungen der verschiedenen Sorten sogenannter Verbrecher verschieden verfahren und behandeln, resp. vorsorgen.

Ferner ist seit Francis Galton durch künstliche Sterilisierung der ärgsten Verbrecher und Geisteskranken in einigen der U. S. ein erster Schritt zur Eugenik (menschlichen Zuchtwahl) im Gegensatz zur Kakogenik (verkehrten Zuchtwahl infolge vom Krieg, Alkohol usw.) gemacht worden. Doch wird die positive Eugenik, die Wahl der Besseren zur Kinderzeugung erst langsam durch Belehrung der Menschen entstehen. Das ist eine Frage der Zukunft, die aber, dank der ungeheuren Variationsbreite der geistigen Eigenschaften bei der unentwirrbaren Rassenmischung unserer Kulturvölker, einen sehr günstigen Boden zur Zuchtwahl bietet.

Zu den Schutzorganisationen im weiteren Sinne gehören ferner:

1. Supranationaler Weltvölkerbund zur dauernden Abschaffung der Kriege.

2. Verbot aller geistigen Getränke und narkotischen Mittel als Genußgegenstände, wie in Nordamerika.

3. Frauenstimmrecht.

4. Sozialismus mit gleichem Recht für Alle in einer wahren Demokratie.

5. Arbeitspflicht für Alle mit obligatorischem Zivildienst als Ersatz für den Militärdienst.

6. Freihandel.

7. Internationale Verständnissprache.

8. Rechtsfreiheiten der Minderheiten und Individuen (Glaube, Sprache, Zivilrecht, Stimmrecht).

Wenn das alles erreicht werden wird, kann das alte Strafrecht, ebenso wie die Kanonen und Heere aus unserer barbarischen Zeit, in die Rumpelkammer der Altertumsmuseen wandern und dort das Staunen und Grauen unserer Nachkommen erwecken. Aber heute heißt es: „Frisch ans Werk und neu aufbauen."

3.

Von Geheimem Justizrat Dr. Freudenthal, ord. Professor an der Universität Frankfurt a. M.

Es ist nicht leicht, die Frage nach der Zukunft des Strafrechtes in Kürze zu beantworten. Immerhin scheinen mir unter vielen zwei Gesichtspunkte wert, hier herausgehoben zu werden: Das Strafrecht der Zukunft wird soziales und es wird rechtsstaatliches Strafrecht sein müssen.

Sozial, weil es, soweit menschenmöglich, in seinem Bereiche die Unterschiede der Geburt und Erziehung, des Berufes und Vermögens wird ausgleichen müssen. Zwei Proben dafür: Die Geldstrafe wird nicht ein Privileg Vermögender sein, das Rechtsgut des Eigentums nicht ein Übermaß von Schutz genießen dürfen, während etwa das der Arbeitskraft ungeschützt bleibt.

Sozial aber auch in dem Sinne, daß sich das kommende Strafrecht in den Dienst der Gesellschaft wird stellen müssen. In das Zeichen ihres Schutzes. Nicht in das der Vergeltung um ihrer selbst willen. Auch nicht in das der Begriffsjurisprudenz: Nur wo die Strafe zum Schutze der Allgemeinheit unentbehrlich und durch geringere Eingriffe unersetzbar ist, darf sie eintreten. Nur soviel an Strafe darf auferlegt werden, wie dieser Schutz erfordert. Bessernde und sichernde Maßnahmen haben darum nicht bloße ergänzende Bedeutung, sondern die selbständige Aufgabe, die Strafe in allen geeigneten Fällen zu ersetzen.

Das neue Strafrecht wird zweitens rechtsstaatlich sein müssen: Daher einmal keinerlei Eingriff in die Rechtsgüter des Bürgers ohne gesetzliche Grundlage. Das gilt vom eigentlichen Strafrechte, wie vor allem vom Strafvollzuge. Ministerielle oder geheimliche Vorordnungen sind kein Ersatz — wie bisher. Wie jene Eingriffe auch aussehen mögen, ob sie Strafen sind, Maßnahmen sichernder oder bessernder Art, ob sie in vorläufiger Entlassung oder bedingter Strafaussetzung bestehen, immer muß dem Belieben der Behörde durch gesetzliche Feststellung der Voraussetzungen des Eingriffes wie seines Umfanges die rechtsstaatliche Schranke gesetzt sein. Ein weiser Gesetzgeber wird diese nicht so eng bemessen wollen, daß darüber die Wirkung verloren geht. Auch die unabhängige „Rechtsschutzinstanz“ wird ferner nicht fehlen dürfen. Anders ausgedrückt, eine Behörde von richterlicher Zuverlässigkeit, wie immer sie sonst gestaltet sein möge, nicht die Verwaltung muß dem Eingriffe das Ende setzen, wie sie über behauptete Rechtsverletzungen befinden muß.

Bedarf es schließlich auch nur eines Wortes, um die Dringlichkeit der Strafrechtsreform zu begründen? Eine Fülle zusammenwirkender Umstände werden zu mächtigem Anschwellen des Verbrechertums führen — wie einst nach den Dreißigjährigen Kriege. Ja wir stehen, vielleicht ohne uns alle dessen voll bewußt zu sein, bereits mitten in dieser Entwicklung. Möge uns die Strafrechtsreform beizeiten die Waffen schmieden zum Kampfe gegen das Raubgesindel — im weitesten Sinne des Wortes — auf Landstraßen, im Westend der Großstädte, aber auch in Handel und Verkehr. Ihre Aufgabe wird es sein, Sorge zu tragen, daß diese Waffen beides sind: gut gesichert und scharf schneidend.

4.

Von Prof. Dr. med. A. Grotjahn (Berlin).

Die Einsicht, daß die Kriminalität der unverbesserlichen Verbrecher zu einem großen Teile auf psychopathischer Grundlage entsteht, ist im Laufe der letzten Jahrzehnte zu einem so gesicherten Bestandteile unseres Wissens vom menschlichen Seelenleben geworden, daß selbst die rein juristisch und historisch orientierte Strafrechtspflege nicht mehr an ihr vorübergehen konnte. Es dürfte in der Tat kaum einem Zweifel unterliegen, daß wir in absehbarer Zeit bei einer auf psychopathischem Boden erwachsenen Kriminalität der Geistesgestörten, Schwachsinnigen, Epileptiker, Alkoholiker usw. an die Stelle der bisher die Gerichtspraxis beherrschenden Vergeltungsstrafe die Schutzstrafe in Anwendung bringen werden müssen, d. h. die dauernde Aussonderung der kriminellen Psychopathen aus der übrigen Bevölkerung und ihre Festhaltung in hierfür besonders eingerichteten Asylen. Gegenwärtig sind allerdings diese Verhältnisse noch ganz ungeklärt. Nur vollständig geisteskranke und im hohen Grade gemeingefährliche Kranke werden zurzeit dauernd in den wenigen Abteilungen der Irrenanstalten, die mit den hierfür erforderlichen Einrichtungen versehen sind, festgehalten. Die große Mehrzahl wird aber gegenwärtig mit sich wiederholenden kurzdauernden Gefängnis- und Zuchthausstrafen belegt, die nur dazu dienen, ihre kriminelle Veranlagung zur höchsten Blüte zu bringen, die dann in den Zwischenpausen der vollständigen Freiheit die bekannten Früchte andauernd sich wiederholender Delikte zeitigt. Die Unhaltbarkeit dieses Zustandes, die natürlich auch dadurch keineswegs besser wird, daß man derartige Personen als unzurechnungsfähig freispricht und in der menschlichen Gesellschaft frei herumlaufen läßt, hat sich allmählich so sehr den Behörden, der Richterwelt und dem öffentlichen Bewußtsein aufgedrängt, daß in naher Zukunft hier Wandel geschafft und sowohl Strafrecht als auch Strafvollzug den Forderungen der Psychologie und Psychiatrie angepaßt werden dürfte. Eine Lösung der hauptsächlichsten Fragen auf diesem Gebiete kann nur eine dauernde Asylisierung zahlreicher krimineller Psychopathen bringen. Auch müssen in Zukunft Strafverfolgung, Strafrecht und Strafvollzug einheitlich zusammenwirken, am besten geleitet von besonderen Beamten, die eine andere Ausbildung als der Zivil- und Verwaltungsjuristen erfahren und in enger Fühlung mit Psychiatrie uud gerichtlicher Medizin stehen sollten.

5.

Von Dr. Hegler, ord. Professor an der Universität Tübingen.

Ausgangspunkt für die Neugestaltung des Strafrechts muß sein eine klare Stellungnahme zu dem Problem eines

„richtigen“ Strafrechts. Durch eine empirisch-theoretische Betrachtungsweise ist erfaßbar, was heute das immanente Ziel des Strafrechts tatsächlich ist und bisher gewesen ist. Dieses Ziel ist der Rechtsgüter- oder Interessenschutz: die Objekte, die geschützt werden sollen, sind die Lebensinteressen der im Staat organisierten Gesellschaft, die Gefahr, gegen die geschützt werden soll, ist die Übeltat, das Verbrechen, ein Angriff von Personen auf diese Interessen, das Mittel, mit dem geschützt werden soll, ist die Strafe, eine staatliche Maßregel mit Übeltendenz, gedroht für den Fall, verhängt in dem Fall solchen Angriffs wegen desselben gegen den Angreifer. Dieses so erfaßte immanente Ziel können wir — durch hypothetisches Werturteil — als sein sollendes, ideales setzen und von hier aus leitende Gesichtspunkte für ein „richtiges“ Strafrecht gewinnen. Seine eigentliche Begründung aber als sein sollendes muß es gewinnen in einem etzten ethischen Ideal, nicht einem bloßen Wollen, sondern einem Sollen, einem Erlebnis, in welchem ein über das individuelle psychologische Erlebnis hinausweisender Inhalt erlebt wird. Übrigens wird dieses immanente Ziel gleichmäßig von den verschiedensten Auffassungen und Ausprägungen eines solchen ethischen Ideals aus sich rechtfertigen lassen: mag dieses psychologisch oder metaphysisch orientiert, mag es eudämonistisch, perfektionistisch oder wie sonst immer gefaßt sein. Ein Mittelglied bei der Ableitung jenes Zieles aus diesem Ideal bildet die Möglichkeit geordneten sozialen Zusammenlebens: sie bildet einerseits die Hypothesis für das hypothetische Werturteil betreffend das genannte Ziel des Strafrechts, andererseits den Gegenstand eines aus dem obersten Ideal abzuleitenden Werturteils. Voraussetzung bei Setzung dieses Ziels in tatsächlicher Beziehung ist, daß es gegenüber dem gegebenen empirisch-psychologischen Material erreichbar ist, daß dieses Material dem Angestrebten sich fügt, daß solche Übelandrohung und -zufügung dem Rechtsgüterschutz zu dienen vermag: der Erhaltung, Wiederherstellung, Befestigung solcher sozialer Lebensinteressen in ihrer Geltung. Nicht durchweg ist dies erfahrungsgemäß der Fall und hier (bei Jugendlichen, Unverbesserlichen) hat dann das Strafrecht andere Maßregeln, Sicherungs-, Besserungsmaßregeln, neben sich zu dulden, ja ihnen zu weichen im Interesse des übergeordneten Zwecks der salus publica, der Ermöglichung geordneten sozialen Zusammenlebens durch Erhaltung, Wiederherstellung, Befestigung seiner Bedingungen.

6.

Von Amtsrichter Dr. **Albert Hellwig** (Berlin).

Ein Strafrecht hat es gegeben, spätestens seitdem die ersten primitiven staatlichen Gemeinschaften sich gebildet hatten; eines Strafrechts werden wir auch im Zukunftsstaate nicht entbehren können. Im Laufe der Entwicklung, soweit wir sie zu überschauen vermögen, hat das Strafrecht seinen Charakter schon vielfach mehr oder weniger wesentlich geändert und auch künftig werden die seine Gestaltung beherrschenden Gedanken einem Wandel unterworfen sein. Nur ganz allmählich aber wird diese Umänderung vor sich gehen können und vor sich gehen, so allmählich, daß die Zeitgenossen dieser allmählich fortschreitenden organischen Entwicklung meist kaum bewußt werden können.

Heute wie einst in den Zeiten der Aufklärung, welche die französische Revolution einleitete, spukt in den Köpfen Berufener und Unberufener wieder der Gedanke einer bewußten grundsätzlichen Umgestaltung der Strafe, ja ihrer völligen Ausmerzung. Insbesondere ist es der alte Gedanke des Ersatzes der Strafe durch die Erziehung, welcher von neuem auftaucht und lebhaft erörtert wird. Ob es in fernen Zeiten dereinstens gelingen mag, diesen Gedanken siegreich durchzusetzen, das zu beurteilen, sind wir natürlich nicht imstande. Wie sich das Strafrecht nach Jahrtausenden gestalten wird, darüber ein Urteil abzugeben, das wäre vermessen. Wenn wir aber auf dem Boden der Tatsachen stehen bleiben und uns die Frage vorlegen, wie man in den nächsten Jahrhunderten bei uns die Bedeutung und die Aufgabe des Strafrechts erfassen wird, so können wir wohl mit Fug und Recht sagen: An einen Ersatz der Strafe durch Erziehungsmaßnahmen irgendwelcher Art ist in absehbarer Zeit ernstlich gar nicht zu denken.

Wohl aber wird der Erziehungsgedanke insofern eine größere Rolle spielen, als er weit mehr als bisher das ganze Strafrecht beherrschen wird. Betrachtet man unser geltendes Recht unter dem Erziehungsgedanken, so wird man gar manche Bestimmung als verfehlt und verbesserungsbedürftig erkennen. So wird sich der Gesetzgeber weit mehr als bisher davor hüten müssen, Verbote aufzustellen und durch Strafandrohungen sichern zu wollen, von denen von vornherein feststeht, daß sie auch von zahllosen redlichen Bürgern übertreten werden müssen, weil sie unter dem Zwang der

Verhältnisse einfach nicht beachtet werden können. Größte Sparsamkeit in den Strafandrohungen wird erstes Gebot für den Gesetzgeber sein. Das Polizeiunrecht wird von dem kriminellen Unrecht gesondert werden, ein besonderes Verwaltungsstrafrecht wird sich immer mehr entwickeln. Vielfach wird man mit Ordnungsstrafen oder Disziplinarstrafen auskommen, wo man sich heute des groben Geschützes der kriminellen Strafandrohungen bedient. Auch das Strafverfahren, nicht etwa nur das Strafverfahren gegen Jugendliche, wird weit mehr unter dem Erziehungsgedanken stehen. Daraus ergeben sich mannigfache Forderungen, so bezüglich der Beweisaufnahme, bezüglich der Verteidigung, bezüglich des Ausschlusses der Öffentlichkeit. Ganz besonders aber wird der Erziehungsgedanke den Strafvollzug umgestalten müssen. Ich denke da weniger an die Ausgestaltung des Unterrichts, trotzdem auch hier die bessernde Hand anzulegen ist, als an die erziehliche Ausgestaltung der Arbeit der Strafgefangenen sowie an die Durchführung des Progressivsystems, an die weitere Ausgestaltung der bedingten Begnadigung oder ihre Umbildung zur bedingten Verurteilung, an die Einführung von Arbeitsstrafen ohne Freiheitsbeschränkung und dergleichen.

Planmäßige organische Fortbildung, nicht zusammenhangloser wilder Umsturz muß auch bei der Umgestaltung des Strafrechts der Leitstern sein, wenn anders nicht schweres, kaum wieder gut zu machendes Unheil die Folge sein soll. Gerade in Zeiten einer so gewaltigen Steigerung der Kriminalität, wie wir sie heute erleben, nicht nur auf dem Boden einer schweren wirtschaftlichen Notlage, sondern auch auf der Grundlage einer nicht minder weitgehenden völligen sittlichen Verwahrlosung breitester Kreise, ist es unbedingt erforderlich, daß die Hemmungsvorstellungen, die das Strafrecht erweckt, nicht mutwillig niedergerissen werden. Es kann daher keineswegs einer unterschiedslosen Milde das Wort geredet werden. Vermeidbare Härten müssen allerdings vermieden werden.

Auch das Strafrecht wird bei dem sittlichen Wiederaufbau, der uns fast dringender noch nottut als der wirtschaftliche Wiederaufbau, eine Rolle spielen. Wichtiger freilich ist es, die Verbrechensursachen zu bekämpfen, das Übel an der Wurzel zu packen. Aber man darf dabei nicht übersehen, daß auch das Strafrecht selbst imstande ist, erzieherisch zu wirken.

Dies kann allerdings nur dann der Fall sein, wenn nicht nur die Gesetze selbst vernünftig und von dem Erziehungsgedanken beherrscht sind, sondern auch die Organe der Strafrechtspflege, die berufen sind, die Gesetze anzuwenden, imstande sind, dieser verantwortungsvollen und außerordentlich schwierigen Aufgabe Herr zu werden. Wir kommen daher auch hier wieder zu dem Alpha und Omega aller Reformgedanken, zu der Forderung, daß mehr als bisher dafür gesorgt werde, daß unsere Polizeibeamten, unsere Richter und Staatsanwälte, unsere Verteidiger, unsere Strafvollzugsbeamten nicht nur formal für ihre Aufgabe geschult werden, daß sie nicht nur die Gesetze kennen, sondern auch imstande sind, den Menschen im Verbrecher zu sehen und richtig zu beurteilen. Will man eine Besserung der heutigen Zustände, so wird man daher meines Erachtens gut tun, hier zuerst die bessernde Hand anzulegen. Das wird nicht zu einer Schwächung oder gar Beseitigung des Strafrechts führen, sondern zu seiner Stärkung und Gesundung!

7.

Von Dr. Kurt Martens (München).

Wissenschaftlich stimme ich mit den Grundsätzen der Lisztschen Strafrechtstheorie überein, glaube aber, daß die inzwischen erfolgte politische Umwälzung den Forderungen Liszts und seiner Schüler neue hinzufügt. Aus dem besonderen Teil des Strafgesetzbuchs müßte eine große Anzahl von Paragraphen wegfallen. Am wichtigsten erscheint mir die Wiederherstellung des alten Grundsatzes „Volenti non fit injuria", die exakte Durchführung des Rechtes an der eigenen Person. Unter Strafe gestellt werden sollten nur Angriffe auf die Staatsgewalt und auf Privatpersonen, die den Angriff als solchen empfinden. Widerstand gegen die Staatsgewalt, Verbrechen und Vergehen gegen die öffentliche Ordnung wären schärfer zu definieren und strenger zu bestrafen als bisher. Völlig auszuscheiden hätten die Delikte der Abtreibung, der Tötung eines Einwilligenden, des Zweikampfes, unter den Sittlichkeitsdelikten die Blutschande, die Unzucht mit Personen des gleichen Geschlechts und mit Tieren, die Kuppelei; zu schützen wären hier nur Kinder und nicht einwilligende Frauen sowie wirtschaftlich abhängige Personen. Andrerseits genießt die körperliche Integrität und der Ruf (nicht die „Ehre") einer Person viel zu geringen

Schutz. Beleidigungen und Körperverletzungen müßten wesentlich strenger bestraft werden. In der Praxis sind die Gerichte allmählich dahin gekommen, daß besonders hier in Bayern, dem klassischen Lande der Roheitsdelikte, Beleidigungen und selbst schwere Körperverletzungen oft nahezu straflos ausgehen.

Im Interesse einer Erziehung der unglaublich verrohten Volksmassen sind heute wohl alle Gebildeten darin einig, daß nur strenge Strafandrohungen (wobei Trunkenheit höchstens noch ein Strafschärfungsgrund sein müßte) und eine unnachsichtige Praxis der Gerichte eine weitere Ausdehnung der Massenbrutalität hemmen können.

8.

Von Walther Rathenau (Berlin).

Die Entwicklung des Strafrechtes kann ich mir nur in folgender Richtung denken:

1. Es gibt kein Verbrechen sondern nur unrechtes Handeln.
2. Es gibt keine Strafe sondern nur Wiedergutmachung.
3. Die sittliche Beurteilung des Unrechts geht ausschließlich aus von der Gesinnung des Handelnden, nicht von der Art oder den Folgen der Handlung.

Jede Strafe ist eine Fortsetzung des Unrechts. Das Böse in der Welt kann nicht aufgehoben werden durch Böses, auch wenn es sanktioniert ist. Es kann nicht aufgehoben werden durch Gewalt, sondern nur durch guten Willen, durch Opfer, Einkehr, freiwillige Buße und Sühne.

Jede Strafe enthält, was immer auch ihre Theorie vorschützen mag, den unsittlichen und unwürdigen Begriff der Vergeltung, das heißt der Rache. Eine Gesellschaft, die sich am einzelnen rächt, wiederholt bedacht, was der Verbrecher unbedacht getan hat. Das ekelhafte Witzwort: „Que Messieurs les Assassins commencent“ enthält die zynische Berufung der Gesellschaft auf die Übermacht ihres bedachten Unrechts.

Die Theorie der Abschreckung ist eine bewußte faule Ausrede. Kein Mensch glaubt ernstlich, daß Tausende leiden müssen, damit möglicherweise ein Dutzend gemeine Seelen aus Sicherheitsgründen auf die Auswirkung ihrer Gemeinheit verzichten. Hinter der Theorie der Abschreckung verbirgt sich unbewußt die unsittliche Theorie der Spielregel: „Wenn du ertappt wirst, kostet dich dein Verbrechen das und das.

Nun überlege dir, ob das Vergnügen sich lohnt, gewarnt bist du und hast dich nicht zu wundern."

Nur aus dem Begriff der Vergeltung und der Spielregel erklärlich ist es, wenn neben der Gesinnung die Folgen der Handlung in Betracht gezogen werden. „Du wolltest Arsenik in die Suppe tun? Glückspilz! du hast dich vergriffen. Es war Zucker und du bist frei. Ich gratuliere." — „Du hast dich zum Schlage hinreißen lassen? Kann passieren. Aber die Sache steht übel, Patient ist gestorben." — Hiernach müßten die Strafen für Eigentumsverbrechen mit gleitenden Skalen versehen sein: Wechselfälschung; Grundgebühr bis zu Tausend Mark so und soviel Zuchthaus, für jedes weitere angefangene Tausend so und soviel Zuschlag.

Stichhaltig auf dem Gebiet der kriminalen Mechanik — so nenne ich alles Wesen, das nicht durch guten Willen und seelische Einwirkung, sondern durch mechanische Einrichtungen das Unrecht bekämpft — ist nur der Begriff des Schutzes der Gesellschaft. Er kommt aber nur in besonderen Fällen, zumal bei Rückfällen, in Betracht und ist ohne Leidenschaft, ohne Entrüstung, ohne Quälerei und ohne Entehrung zu handhaben. Ortsveränderungen, innere Kolonisation und Heilverfahren werden hier von Bedeutung sein, denn die meisten Untaten sind Funktionen des Standortes und des Körperzustandes.

In den Mittelpunkt der Kriminalistik aber tritt der Begriff der objektiven Wiedergutmachung und Sühne, der subjektiven Buße. Beides nicht im Sinne eines Jus Talionis sondern im Sinne eines ethischen Sakraments.

Es kommt nicht darauf an, daß der vom Unrecht Betroffene vom Täter des Unrechts weitgehend schadlos gemacht werde — daß etwa der Vernichter eines Wertgegenstandes seine Lebenszeit opfere, um abzuarbeiten. Für Entschädigung sorgt staatliche und private Versicherung.

Wohl aber kommt es darauf an, daß der Täter des Unrechts in freier sittlicher Überzeugung die Aufgabe der Sühne anerkennt und auf sich nimmt, um den Zustand des objektiven Rechts wiederherzustellen und zu heiligen; daß er in freier sittlicher Überzeugung das Werk der Buße anerkennt und auf sich nimmt, um in seiner Seele das Gleichgewicht des Gewissens und der sittlichen Würde wiederherzustellen und zu heiligen.

Es wird freie Genossenschaften der Sühnenden und der

Büßenden geben, zu denen sich freie, unbelastete Menschen gesellen, um zu dienen, zu helfen, zu lehren und zu führen.

Diese Genossenschaften werden Entbehrung und Arbeit freiwillig und unter strenger selbstverwaltender Kontrolle auf sich nehmen, ihre Arbeit wird dem Wohle der Gesellschaft gelten, das sie verletzt haben. Zwang und Freiheitsberaubung findet nicht statt.

Zu den Büßenden und Sühnenden werden sich auch die begeben, die, ohne ein geschriebenes Staatsgesetz zu übertreten, ihr Gewissen belastet haben.

Besondere Genossenschaften sind zu bilden aus den körperlich und geistig Verkommenen, den Halbzurechnungsfähigen, den Schwachsinnigen und Unverantwortlichen, die das sittliche Gebot der Läuterung nicht begreifen. Sie dürfen erst recht nicht gestraft und gepeinigt werden, wohl aber sind sie zu pflegen, zu beaufsichtigen, nach Möglichkeit zu erziehen und zu heilen. In besonderen Fällen ist Sterilisierung zulässig.

Das Kriminalrecht muß sittlicher und feinfühliger werden. Heute macht es den Eindruck, als ob es geschaffen sei, um einer egoistischen Gesellschaft Sicherheit und Eigentum zu garantieren. Seine Aufgabe aber ist es, Gewissen, Gesinnung und Menschlichkeit zu wahren.

Die schlimmste Untat ist nicht Lebensvernichtung und Eigentumsschädigung sondern bestiale Roheit, vor allem Kindermißhandlung. Verleumdung, Ehrabschneiderei, Erpressung, Vertrauensmißbrauch sind schlimmer als Diebstahl oder Raub. Lüge aus gemeiner Absicht, auch wenn sie nicht die Merkmale des Betruges trägt, Tierquälerei und hartherzige Hilfsverweigerung sind gemeinen Untaten gleichzuachten.

Der Strafbestimmungen bedarf es nicht. Es genügt das Gesetz: jedes Unrecht soll nach freiem Entschluß des Täters und nach Ermessen des gerechten und weisen Richters nach dem Maße der zutage getretenen Gesinnung und der Verantwortungsfähigkeit des Täters gesühnt oder gebüßt werden.

9.

Von Dr. Fritz Dehnow, Kriegsgerichtsrat k. A. (Hamburg).

I. Wenige Gebiete menschlichen Tuns haben eine so schwerbelastende und tiefbeschämende Vergangenheit wie die Strafjustiz. Es hält schwer, maßvoll und richtig zugleich die Taten zu kennzeichnen, die im Namen des Strafrechts ungezählt begangen worden sind. Die Strafrechtshistoriker selbst werden durch die Zuneigung zu ihrem Forschungsgegenstande leicht dazu geführt, düsterste Nachtseiten der Menschheitsgeschichte nicht voll ins Licht zu rücken; anderweite literarische Überlieferung schildert jedoch beredt genug die Grausamkeiten gegen Schuldige und Unschuldige, aus denen bis vor nicht sehr langer Zeit Untersuchungsverfahren und Strafvollzug sich zusammensetzten. Heute sind es nicht viel mehr als hundert Jahre her, seit in Deutschland die letzte Frau als Hexe verbrannt wurde und die Tortur Anwendung fand, und nicht viel mehr als 150 Jahre, seit, von vielen einer, Damiens, der erfolglos ein Attentat auf den französischen König versucht hatte, durch Herausreißen der Brust mit glühenden Zangen und eine Reihe anderer bestialischer Martern, die das Gericht gegen ihn programmatisch angeordnet hatte, zerstückelt wurde.

Größere Fortschritte, als insgesamt die zwei Jahrtausende vorher, brachte für das Strafrechtswesen das neunzehnte Jahrhundert. Es schuf erst den Beginn derjenigen Entwicklung des Strafrechts, die eine höhere genannt werden kann. Trotzdem blieben der Grundschäden viele. Noch heute sind die Strafgesetze, die eine Wohltat sein sollen, allzuoft nur eine Plage. Sie sind vor allem deswegen vielfach so rückständig, weil gerade das Strafrecht nicht nur von gesetzgeberischen Erwägungen, sondern unglücklicherweise weitgehend auch von der Moral der Allgemeinheit mit ihrer Beschränktheit, ihren Vorurteilen und ihrem Aberglauben abhängig ist. Auch der Einfluß kirchlicher Moral und kirchlicher Anschauungen im Strafrecht ist, wenn auch nicht mehr offiziell, so doch noch von beträchtlicher Stärke.

Die Verbesserung der Strafgesetze, des Strafverfahrens und des Strafvollzuges wird in Deutschland wie in allen Nachbarländern in breiter Öffentlichkeit seit Jahrzehnten gefordert. Publikationen über das Thema der Justizirrtümer reden eine beredte Sprache. In einer Reihe von Schriften Bestrafter über ihre Strafzeit werden verheerende Wirkungen heutiger Freiheitsstrafen für jeden, der hören will, erschreckend deutlich. Nicht am wenigsten deutlich wird in ihnen auch die Willkür und Tyrannei, die untergeordnete Organe immer noch ohne Wissen ihrer Vorgesetzten auszuüben in der Lage sind. Es ist, alles in allem, nicht unbegreiflich, wenn der maßvolle Jurist und Schriftsteller Bloem eine seiner Figuren ausrufen läßt: „In späteren Jahrhunderten, da werden die Menschen von unserer heutigen Rechtspflege sprechen, wie wir von den Hexenrichtern und Folterknechten und von der Inquisition."

Von den vorhandenen Schäden weiß ein Teil der Juristen selbst nur wenig. Immer noch sind die Juristen zu sehr Schriftgelehrte, weil ihre ganze Vorbildung immer noch zu sehr auf den Grundsatz „quod non est in actis, non est in mundo" eingestellt ist; die vor acht Jahren angeordneten Führungen der Referendare durch Fabriken, Anstalten usw. waren ein erster, allerdings oberflächlicher und ungeeigneter Versuch, hiervon abzukommen. Was fehlt, ist wohl vor allem ein Verstehen des Lebens, das nicht durch Rechts- und Moralvorschriften getrübt, das dagegen naturwissenschaftlich, biologisch, anthropologisch und psychologisch orientiert ist. Das Eindringen naturwissenschaftlicher Auffassungen ins Recht ist zwar durch „unbegründete Analogiespielerei" (nach einem Ausdrucke Ostwalds) diskreditiert worden; dadurch, daß man beispielsweise Strafrecht und Darwinismus in Verbindung brachte und daß man so unvergleichbare Dinge wie rechtliche Verwandtschaft und chemische Verwandtschaft, Rechtselemente und chemische Elemente miteinander verglich, die nicht viel mehr als den Namen gemeinsam haben. Dies waren aber nur falsche erste Anwendungen einer neuen methodischen Grunderkenntnis. Die Lebenstatsachen, und insbesondere die Tatbestände, die das Recht beurteilt, und die Bedürfnisse, die es schützt oder bekämpft, werden im wesentlichen erst durch die Erkenntnis ihrer grundlegenden biologischen Bedingungen verständlich. Darum stellt das Einsetzen naturwissenschaftlicher Orientierung den bedeutendsten Wendepunkt bei allen Geisteswissenschaften und Wertwissenschaften dar. Und darum muß die naturwissenschaftliche Orientierung des Juristen an die Stelle seiner bisherigen philosophischen und historischen Orientierung treten. Kein einziges Problem der Erkenntnistheorie, Metaphysik oder Logik ist in Wirklichkeit von Belang für die Stellungnahme zu irgendeinem juristischen Problem, das kein Scheinproblem ist. Und die Rechtsgeschichte ist für den Juristen nicht von größerer Bedeutung, als die Geschichte der Medizin für den Arzt, und sollte im Vorlesungswesen nur eine ähnlich untergeordnete Rolle spielen.

Die Heranbildung geeigneter Juristen kann wichtiger erscheinen als selbst die Verbesserung der Rechtssätze. Die Forderung „men, not measures" ist in gewissem Maße auch im Strafrecht berechtigt. Über die heutigen Verhältnisse in dieser Hinsicht darf sich allerdings nur mit aller Vorsicht äußern, wer nicht laute Entrüstung seitens der Juristenschaft wecken will. Wenn indessen die Achtung des Publikums vor Gerichten und Rechtsanwälten nicht so hoch ist, wie es wünschenswert wäre, wenn die Gerichte weniger als wirksame Schützer der Gerechtigkeit, denn als Quelle von Unannehmlichkeiten angesehen werden, wenn der einzelne es in der Regel vorzieht, mit Gerichten und Advokaten nichts zu tun zu haben, so hat dies alles sicherlich seine Gründe. In der Tat ist der Zustand der Rechtspflege noch heute überwiegend unerfreulich und rückständig. Teils liegt dies in sachlichen Momenten, teils aber auch in Persönlichkeiten begründet. Daß eine hohe Ethik in der ganzen Lebensweise und Lebensauffassung Allgemeingut des Juristenstandes sei — dieses Ideal ist erst zu einem kleinen Teile erreicht. Dies auszusprechen, ist allerdings verpönt. In charakteristischem Gegensatze zu der bescheidenen Tonart, die auf Seiten der Naturwissenschaften trotz ihrer ungeheueren Leistungen zu beobachten ist, pflegen Vertreter der Rechtswissenschaft eine Selbstzufriedenheit zu dokumentieren, nur derjenigen vergleichbar, die bei Theologen und Philologen gelegentlich zu beobachten ist. Mit ewig wiederholten Redewendungen von der hohen Mutter Rechtswissenschaft, von der Unabhängigkeit des Richterstandes und der Würde des Anwaltstandes suchen die Juristen einander zu gefallen. Und trotzdem weiß intra und extra muros fast ein jeder, daß die Wirklichkeit nicht allenthalben so schön ist wie diese Redewendungen. Eine weitergehende Ethisierung des Juristenstandes muß und wird angestrebt werden. Vieles hängt von ihr für die Rechtspflege ab. Ein ethisch hochstehender Richter zumal verhandelt und entscheidet anders, als ein solcher von durchschnittlichen ethischen Auffassungen. „Möge man in meiner offenen Sprache nicht eitle Selbstüberhebung oder Verkennung der wirklichen Verdienste anderer erblicken, sondern lediglich den Ausdruck der festen Überzeugung, daß nur durch unumwundene Wahrheit der Fortschritt in der Wissenschaft gefördert werden kann" (Haeckel).

Scheint es hiernach, daß alle Grundlagen des Strafrechtswesens tiefgehende Veränderung erheischen, so ist doch der Stand der heutigen Strafrechts*wissenschaft* wohl der weitest fortgeschrittene von allen Zweigen der Jurisprudenz. Im Zivilrecht absorbiert einen großen Teil der Kräfte die schädliche historische Richtung, die den Blick von dem, was nottut, auf längst Vergangenes ablenkt, und die tendiert, die Rechtswissenschaft zu einer Hilfswissenschaft der Geschichte und sozial unfruchtbar zu machen. Die Lehrstühle des Zivilrechts sind zur Hälfte mit Lehrern besetzt, deren hauptsächliches Arbeitsgebiet die römische Rechtsgeschichte oder die Papyri sind. Wer aber „mit allen seinen Sinnen immer ins Vergang'ne starrt, wird die Zukunft nicht gewinnen und verliert die Gegenwart". — In der Strafrechtswissenschaft spielt diese Richtung keine beträchtliche Rolle. Die Strafrechtswissenschaft ist weit mehr auf steten, nie rastenden, nie selbstzufriedenen Fortschritt eingestellt, der die Maxime aller Wissenschaft sein sollte. Während die Ziviljuristen eine gesetzgeberische Fortentwicklung des bürgerlichen Rechts nur selten überhaupt in den Bereich ihrer Betrachtungen ziehen, herrscht in der Strafrechtswissenschaft eine reiche Fruchtbarkeit de lege ferenda.

Aber hinter dem Stande der Strafrechtswissenschaft ist die Strafgesetzgebung zurückgeblieben. In redaktioneller Hinsicht sind die strafgesetzlichen Bestimmungen allzu verstreut geblieben; Partikularbestimmungen der Länder und der Polizeibehörden nehmen einen unnötig großen Raum ein; in manchen Materien besteht eine unübersichtliche und unnötige Fülle von Straftatbeständen und Strafmaßen, die durch einfachere Bestimmungen ersetzt werden müssen — „je mehr Gesetze, je mehr Unordnung". Die noch nicht abgeschlossenen, aber erfolgreichen systematischen Bemühungen der Strafrechtstheorie erheischen Berücksichtigung. — Materiell ist das Strafgesetzbuch, das demnächst fünfzig Jahre alt wird, während dieser Zeitspanne in Einzelheiten durch eine Reihe von Novellen aufgefrischt worden, in den Hauptmaterien aber stabil geblieben. Möchte nach Durchführung der bevorstehenden Strafrechtsreform nicht wieder eine ähnliche gesetzgeberische Stagnation im Strafrecht eintreten. Das Tempo der Gesetzgebung muß weniger, als es bis 1914 der Fall war, auf Erhaltung stetiger Rechtszustände, und mehr auf Gewährleistung kräftigen Fortschrittes Bedacht nehmen.

II. Eine energischere Wirksamkeit der Strafrechtspflege ist nach manchen Seiten hin vonnöten. Manche Rechtsgüter, wie die Ehre, sind zu wenig geschützt. Zu viele Klassen von Bösewichtern bleiben straflos. Trunkene sind privilegiert. Gegenüber den wirklich gemeinschädlichen und gesellschaftsfeindlichen Elementen vor allem ist die gegenwärtige Strafrechtspflege zu wenig wirksam. Die abschreckende Wirkung der Strafen ist nicht zum wenigsten deswegen zu gering, weil die verhängten Strafen nicht deutlich genug der Allgemeinheit zum Bewußtsein gebracht werden.

Von den Strafmitteln hat sich der Vermögensstrafe unter den veränderten wirtschaftlichen Verhältnissen ein weiteres Feld als früher eröffnet.

Die Freiheitsstrafe dürfte der Zukunft nur mit wesentlichen Modifikationen erhalten bleiben. Ihre heute großenteils verheerenden Wirkungen sind zu deutlich erkannt, als daß sie ihre heutige Gestalt noch lange behalten könnte. An die Stelle einer relativ mechanischen und oberflächlichen Handhabung der Freiheitsstrafe tritt immer mehr das Besinnen auf die Funktionen, die sie im konkreten Falle tatsächlich ausübt.

Der Todesstrafe ist die Zeitströmung abgeneigt. In der Tat ist sie in der Form der Enthauptung ein barbarisches Überbleibsel. Verzichtet man aber darauf, die schädlichsten Elemente — nicht nur unter Mördern — auf schonendere Weise radikal und konsequent auszutilgen, so rächt dies sich stets schwer, ebenso wie es sich heute rächt. Auch dauernde Isolierung leistet nicht die gleichen Dienste; sie ist weniger wirksam, Kräfte der Allgemeinheit werden durch sie vergeudet, und das Leben eines dauernd Isolierten ist für ihn selbst und für andere nichts mehr wert. Heute wird ein übertriebener, der Wohlfahrt nicht dienlicher Respekt vor dem Leben des einzelnen ohne Rücksicht auf seinen Wert gehegt; nicht die Persönlichkeit, sondern das Leben scheint als der Güter höchstes zu gelten.

Eine Einschränkung der Straftatbestände ist auf der anderen Seite dringendes Erfordernis. Menschen sollten einander schwere, tiefgreifende Übel, wie Strafen, nur dann zufügen, wenn es wirklich zweckmäßig und lohnend ist; nicht aber nur um beschränkten, teilweise veralteten Moralbegriffen Genüge zu tun, die durch angebliche öffentliche Interessen oder durch die angebliche Schutzbedürftigkeit des Empfindens Dritter nur bemäntelt werden. In nutzloser Weise ist besonders das sogenannte Recht der Selbstbestimmung derzeit noch eingeschränkt. Zwar ist das Sprichwort „volenti non fit iniuria" in seiner Allgemeinheit ebenso falsch, wie andere römische Rechtssprichwörter. Zwecklos aber legt das Gesetz dem einzelnen manche schwere Fessel und, wenn er sie durchbricht, rücksichtslose Strafe auf. Zwecklos beispielsweise und nur durch hergebrachte Vorurteile gestützt erscheint heute bei unbefangener Betrachtung die Bestrafung der nichtgewerbsmäßigen Abtreibung; denn das Interesse an lebhaftem Bevölkerungszuwachs besteht nicht mehr, und die Gesundheit der Mütter kann durch andere Maßnahmen besser als durch Strafen geschützt werden. Eine zwecklose und vollends unsittliche Beschränkung der persönlichen Freiheit liegt weiter darin, daß es uns verwehrt ist, durch die Hilfe eines Dritten zu sterben. Auch das Delikt der „Gotteslästerung" spukt noch immer in unserem Gesetz; zu seiner Beseitigung scheint die Zeit noch nicht reif. Vor allem bestehen dringende Interessen an weiterer Einschränkung der Bestrafung sexueller Handlungen.

Ohne jede Neigung zu philosophischer Verachtung der materiellen Güter kann man doch sagen, daß für den Menschen nach seiner biologischen Beschaffenheit körperliches und seelisches Wohlbefinden die größten Güter sind. „Gesundheit und froher Mut, das ist das wahre Glück des Menschen" — dieses Wort Herders enthält eine der wichtigsten Erkenntnisse. In der Sorge für leibliche und seelische Güter tun indessen Kultur und Recht nicht genug. Das Recht überschätzt die, von ihm eingehend berücksichtigten, materiellen Güter; es unterschätzt die im Menschen selbst liegenden Werte, deren Schutz es nur in großen Umrissen regelt. Diese Tendenz wird gegenwärtig dadurch unterstützt, daß materielle Not, wie sie zur Zeit besteht, den Menschen nur um so materialistischer zu machen pflegt, und daß herrschende soziale Strömungen stark materialistisch gerichtet sind.

Einer der Haupt- und Grundschäden unserer Kultur ist es sicherlich, daß sie das Ziel sexueller Wohlfahrt aus den Augen verloren hat. Für eine glückliche Verfassung der Menschen ist ein glücklicher und gesunder Zustand des Sexuallebens eine der hauptsächlichsten Bedingungen. Zu den gegebenen Mitteln, ihm nahezukommen, gehört rechtliche Regelung des Sexuallebens. Weitgehende Verbote und reichliche Strafen aber sind nirgends eine so verfehlte Maßnahme wie hier. Sie sind eine geradezu unsittliche Maßnahme — in Wahrheit unsittlicher oft als die mit Strafe belegten Handlungen — dort, wo sie freiwillige intime Vorgänge an die Öffentlichkeit ziehen. Sie sind auch gerade auf sexuellem Gebiete ein unwirksames Mittel; offensichtlich sind die wirksamen Mittel hier Führung und Fürsorge.

Indessen die Fürsorge für die zentralen und starken sexuellen Bedürfnisse ist dem Recht noch fremd, wenn man von der Reglementierung der sozialen Seuche der Prostitution absieht. Das Recht verschmäht besonders die Gewährung und Sicherung naturgemäßer und gesunder Befriedigung des grundlegenden, unerschütterlichen Bedürfnisses nach nichtehelichem Geschlechtsverkehr. Es betätigt sich allein in weitreichenden Verboten sexueller Handlungen. Im Kampfe mit ungünstigen Lebensbedingungen für die vita sexualis läßt es den einzelnen schutzlos und allein — „dann übergebt ihr ihn der Pein". Die Allmacht des sexuellen Dranges bleibt von Gesetz und Praxis unverstanden, während das Laster der Trunksucht bei Gesetzgebern und Praktikern Verständnis und Nachsicht findet. Nulla unda sic profunda quam vis amoris furibunda! Die Strafgesetze, die dem nicht Rechnung tragen, sind unter denjenigen Gesetzen, die sich wie ewige Krankheiten forterben, die schlimmsten.

Häufige Abweichungen sexueller Betätigung vom vorgeschriebenen Wege sind und waren stets eine Selbstverständlichkeit. Käme jedes sogenannte Sittlichkeitsvergehen zur Bestrafung, so würde unter zehn Personen nicht eine sein, die nicht schon Gefängnis oder Zuchthaus frequentiert hätte. Sexuelle Überschreitungen und Fehlgriffe sind auch in Wahrheit in der Regel harmlos; daß sie einen besonderen Schaden bedeuten sollen, ist nur ein altes Vorurteil. Zumal bei der Jugend ist es ebenso natürlich wie harmlos, daß sie in unausgereiftem Drange sehr leicht von natürlichen und von sozialen Regeln abweicht; ihr muß bis zu gewissen Altersgrenzen grundsätzliche Straflosigkeit wegen sexueller Handlungen zugesichert werden.

An Engherzigkeit und an barbarischer Strenge hat die Sittlichkeitsgesetzgebung seit früher bereits viel verloren. Dennoch geht die heutige Rechtsanschauung noch immer so weit, daß „jede geschlechtliche Tat, wofern sie nicht durch das, Ehe genannte, Blankettprivilegium polizeilich eingesegnet ist, als ‚Unzucht' gilt" (Hiller), und die Strafmaße sind noch von widersinniger und unverantwortlicher Schwere. An Vernünftigkeit gleichen manche heutigen Strafdrohungen für sexuelle Handlungen der früheren Strafe des Feuertodes für Leichensektion und für Fleischgenuß am Freitag.

Der Umschwung auf diesem Gebiete kann nicht ausbleiben; freilich läßt sich kaum noch übersehen, wie rasch oder wie langsam er eintreten wird. Nicht allein um Mängel des Gesetzes handelt es sich hier, sondern um die Beseitigung einer hergebrachten Kulturanschauung; gegen die Faktoren dieser Anschauung, gegen Torheit und Aberglauben, hat die bessere

Einsicht den Kampf stets nur langsam gewinnen können. In Deutschland ist zurzeit die Parteienkonstellation nicht sonderlich günstig für die Weiterentwicklung auf sexuellem Gebiete. Symptomatisch dafür, ob gründliche Fortschritte bald zu erwarten sind, wird es sein, ob im neuen Strafgesetzbuche der § 175 beseitigt werden wird. Der Vorentwurf von 1909 hatte diese Strafvorschrift — unter Beiseiteschiebung des Standpunktes der Wissenschaft und unter Bezugnahme auf das „Rechtsbewußtsein des Volkes" — beibehalten und verschärft.

Ebenso zäh, wie die Gesetzgebung an den traditionellen „Vergehen wider die Sittlichkeit" hängt, sträubt sie sich, die in Wirklichkeit schwer gemeinschädlichen Handlungen, die mit dem Sexualleben zusammenhängen, mit genügender Energie zu erfassen. Die schweren Sexualdelikte der Zukunft sind Infektion und Zuhälterei. Beider Bedeutung wird vom geltenden Recht ebenso unterschätzt, wie es die Wichtigkeit der traditionellen Sittlichkeitsdelikte übertreibt. Es bestraft jede „gewaltsame Vornahme einer unzüchtigen Handlung an einer Frauensperson" und ebenso den bloßen Versuch hierzu primär mit Zuchthaus! — die Zuhälterei mit Gefängnis. Wird eine Frau vergewaltigt und hierbei wissentlich infiziert, so verhängt unser Strafgesetzbuch aus dem Gesichtspunkte der Vergewaltigung ein Jahr Gefängnis bis fünfzehn Jahre Zuchthaus — aus dem Gesichtspunkte der Infektion drei Mark Geldstrafe bis drei Jahre Gefängnis. Für die Irrationalität heutiger Sexualgesetzgebung sind dies nur einzelne von zahlreichen Belegen.

III. Die Not und die Unmoral der Zeit werden sich nicht von heute auf morgen sonderlich bessern. Trotzdem sollte auch im gegenwärtigen Zeitpunkte eine Revision des Strafrechtswesens nicht versäumen, zu ihrem Teile beschleunigend in der Richtung derjenigen Entwicklung zu wirken, die als die notwendige und die opportune bereits heute angesehen werden kann: in der Richtung auf den Ersatz des Strafrechts durch Besseres, wie er durch weitblickende Persönlichkeiten bereits oft genug als Zukunftsforderung aufgestellt worden ist. Daß auch vage Schöngeister und daß Vertreter des Anarchismus sich dieser Forderung angeschlossen haben, darf diese als solche nicht diskreditieren. Es wiegt auch nicht schwer, wenn derselbe Quietismus, der seit jeher vergängliche und längst überwundene Einrichtungen als „notwendig" betrachtete, kurzsichtig und ungläubig auch behauptet, man werde ohne Strafrecht niemals auskommen. Tatsächlich stehen wir bereits in den ersten Anfängen derjenigen Entwicklung, die zur Rückbildung des Strafrechts führt. Bereits beanspruchen Jugendfürsorge, Trinkerfürsorge, Irreninternierung, polizeiliche Unterbringung, Aufenthaltsbeschränkung eine wachsende Rolle neben und an Stelle der Strafe. Die Strafaussetzung mit Aussicht auf Straferlaß wird im neuen Strafgesetzbuch erneute Ausdehnung erfahren. Nach dem Strafprozeßentwurf von 1920 sollen die Behörden befugt sein, in besonders leichten Fällen ohne weiteres das Verfahren einzustellen; bereits der Strafgesetzvorentwurf von 1909 enthielt eine ähnliche Bestimmung. Dies sind lebhafte Anfänge einer Entwicklung, deren Durchführung freilich langer Zeitspannen bedarf. Ist indessen die Zukunft, in der die Rolle der heutigen Strafübel in der Hauptsache durch wohltätigere Schutzmaßnahmen übernommen werden wird, noch fern, so wird sie dennoch ebenso gewiß eintreten, wie überhaupt der Menschheit — nach einem Aufstieg während Hunderttausender von Jahren — trotz der gegenwärtigen Kulturkrisis noch eine weitere Entwicklung bevorsteht.

Unerwünschtem Verhalten Anderer zu begegnen, ist die Strafe die rudimentärste, für die menschliche Natur nächstliegende, primitivste und bequemste Maßnahme, aber auch die schlechteste Maßnahme. Das gilt von der Strafe im Recht nicht anders als von der Strafe in der Erziehung. Die Strafe ist in der Regel von vornherein eine so unklare Maßnahme, daß der wissenschaftliche Streit darüber, welches ihr Zweck ist und sein soll, heute noch nicht beigelegt ist. Eine befremdliche Erscheinung; seit Jahrtausenden mißhandelt man Menschen durch schwere Strafen und ist sich über die Gründe noch nicht im klaren. Den Wert der Strafe erblicken zumal zahlreiche Philosophen, Juristen und Theologen darin, daß sie Übles mit Üblem „vergilt". Zur Rechtfertigung unseres Vergeltungstriebes wird sogar ein göttliches Gebot behaupet, das die Vergeltung angeblich befiehlt. In Wirklichkeit ist unser animalisches Vergeltungsbedürfnis zwar eine biologisch begründete Eigenheit der menschlichen und der tierischen Natur; es gehört jedoch zu denjenigen rudimentären und minderwertigen Trieben, die nicht verdienen, daß ihnen besonders nachgegeben wird, und die auch bei höherer Entwicklung immer mehr zurücktreten. Das Vergeltungsbedürfnis spielt beim Erwachsenen eine geringere Rolle als beim Jugendlichen, beim zivilisierten Volke eine geringere als beim wilden

Volke und beschränkt sich bei weiterer Entwicklung des Einzelnen wie des Volkes immer mehr auf ein bloßes Schutzbedürfnis.

Im Schutze vor Üblem, in der Förderung der Wohlfahrt erblicken Andere den Zweck der Strafe. Indessen für diesen Zweck ist unter allen Mitteln, die der Staat zur Verfügung hat, das Strafen wohl ungefähr das schlechteste. Die Strafe weiß Leiden nur in der Weise zu verhindern, daß sie selbst neue Leiden schafft. Den Leiden der Bestraften stehen allerdings Unbeteiligte und Theoretiker vielfach teilnahmlos gegenüber, weil ihnen eine zutreffende und deutliche Vorstellung von diesen Leiden fehlt; für sie ist, wie für Bozi, die Verhängung von Strafen lediglich „eine empirisch gegebene, der Rechtfertigung nicht bedürftige soziale Erscheinung“. Andere haben versucht, die Notwendigkeit der Strafübel darzutun, das „Recht zu strafen“ zu begründen, eine „Rechtfertigung des Strafrechts“ zu geben, ohne daß jedoch ihre, vorwiegend logizistischen und vorurteilsvollen, Gedankengänge volle Überzeugungskraft beanspruchen können. Im Zuge der Entwicklung muß es liegen, daß willentliche Grausamkeiten der Menschen gegeneinander immer mehr aufhören.

Die Strafe ist nur einer schmerzhaften Therapie, nicht der ungleich wertvolleren Hygiene vergleichbar. Sie ist auch nur eine äußerliche, symptomatische und schematische Behandlung, keine kausale Behandlung, die das Übel bei der Wurzel ergreift. Sie beseitigt nicht die Motive zum Verbrechen, sondern beschränkt sich darauf, Gegenmotive zu setzen; schon deshalb ist sie zu halber Wirkungslosigkeit verurteilt. Denn es liegt in der Natur des Menschen begründet, daß gegen einmal bestehende starke Motive Gegenmotive überhaupt wenig zur Wirkung gelangen. Die Verbrechensmotive zum Verschwinden zu bringen, mehr fürsorgen, weniger strafen, das ist die Aufgabe.

Zu ihr muß auch die Erkenntnis der Willensunfreiheit führen. Daß ebenso wie das anderweite Geschehen auch das psychische Geschehen völlig determiniert ist, ist ein mit ausreichender Gewißheit gewonnener, gesicherter Bestandteil unserer heutigen Erkenntnis. Alles Handeln ist restlos bedingt, durch den Willen und durch andere Faktoren; und auch der Faktor Wille ist seinerseits restlos bedingt. Determiniert sind alle schlechten und alle guten Handlungen, Wohltaten und Verbrechen. Die „Illusion der Willensfreiheit“ (Ree, Wahle) erklärte sich aus dem Unbewußtbleiben der meisten Kausalzusammenhänge in Verbindung mit anthropistischer Überhebung. „Schuld" in der Bedeutung von Tadelhaftigkeit gibt es allein in dem Sinne, in dem es

Die größte Schuld des Menschen
Ist, daß er geboren ward (Calderon).

Dies ändert zwar ganz gewiß nichts an der Notwendigkeit, Schädigungen auch dann abzuwehren, wenn ihre Urheber nicht in diesem Sinne schuldig sind. Wie dem einzelnen Notwehr auch gegenüber dem Irren verstattet ist, so muß auch die Allgemeinheit sich gegen Schuldige wie Schuldlose schützen. Aber je mehr die Unfreiwilligkeit einer Übeltat begriffen wird, um so mehr erwacht unser Mitleid mit dem Übeltäter, und es verstärkt sich unser Verlangen nach Schutzmaßnahmen, die schonender sind als Strafen. Das vorhandene oder fehlende Mitleid ist in Strafgesetzgebung und Strafjustiz ganz allgemein ein latenter, aber dominierender Faktor; es sind eigene Gefühlsbedürfnisse, denen wir folgen, wo wir glauben, einer objektiven Gerechtigkeit zu genügen.

Wenn unter den gemißbilligten Handlungen freigewollte und unfreie Handlungen unterschieden werden, so bedeutet dies dem Sinne nach lediglich die Scheidung von normaler und anomaler Motivierbarkeit. Geisteskranke werden seit jeher strafrechtlich privilegiert, und man hat neuerdings von dem Standpunkte aus, alle Delikte beruhten auf Anomalie, die gänzliche Aufhebung des Strafrechtes zu begründen gesucht. Gerade diese Begründung geht zwar fehl; indessen auch dieser Gesichtspunkt führt auf den gebotenen Ersatz für das Strafrecht hin. Das Entstehen der Ansicht, jede Straftat sei aus Anomalie geboren und in diesem Sinne unfrei, wurde durch die Erkenntnis der ungeahnt großen Rolle begünstigt, welche die Psychopathie im Leben spielt. In Wirklichkeit liegt jedoch die Neigung zu vielen Angriffen auf andere Personen und auf fremdes Gut auch dem gesunden Menschen im Blute. Der Mensch ist von Natur nicht dazu angetan, sich innerhalb derjenigen Schranken zu halten, die die soziale Ordnung zweckvoll oder zwecklos aufrichtet. Der emphatische Ausruf eines neueren Schriftstellers: „Der Mensch ist gut!" ist halbwahr. Eher läßt sich für den Durchschnitt der Menschen feststellen: Der Mensch ist schlecht. *Οἱ πλεῖστοι ἄνθρωποι κακοί.* Zu dem, was wir unter gegebenen Verhältnissen gut nennen, machen den Menschen erst Auslese und Erziehung.

Auslese, Erziehung und Ausmerzung sind die Maßnahmen, die in Zukunft die Strafe im Wesentlichen ersetzen werden.

Dies sind keine Utopieen. Seit jeher bedarf eine beträchtliche Anzahl von Menschen keiner Strafe und keiner Abschreckung und erscheint selbst dann, wenn sie gegen die Gesetze handelt, zu gut für Strafmaßregeln. Lediglich darum handelt es sich, diese Guten zu immer weiterer Vervielfältigung und die Schlechten zu annäherndem Aussterben zu bringen. So wie heute engere Gemeinschaften ohne Strafbestimmungen auskommen und nur der seltenen Maßnahme der Ausschließung von Schädlingen bedürfen, kann ein entsprechender Zustand auch für die Gesamtheit erreicht werden. Allerdings wird er, und wird überhaupt eine ausschlaggebende Verbesserung der Kultur nicht erreicht werden, solange menschlicher Eigendünkel es hindert, daß — ebenso wie ungezählte minder wichtige Angelegenheiten — endlich auch die wichtigste, die Fortpflanzung, dem Bereiche einer abergläubischen „Sittlichkeit" entzogen und in rationelle Bahnen geleitet wird. Das Einsetzen einer rationellen Eugenik wird den Hauptwendepunkt der ganzen Kulturgeschichte bilden und einen so gewaltigen Fortschritt in sich schließen, daß alle anderen seitherigen Fortschritte ihm gegenüber als nebensächlich erscheinen werden. Als eine der nächsten Folgeerscheinungen wird er auch den Abbau des Strafrechtswesens, das Aussterben des „Strafaberglaubens", das Aufhören der „Verbrechen am Verbrecher" mit sich bringen.

Allerdings liegt ganz gewiß heute mehr denn je die nähere Zukunft im Dunkel. Der Frage, ob rationelle Lebenseinrichtung und Förderung von Gesundheit und Wohlfahrt auf geradem Wege fortschreiten werden, kann mit Skepsis gegenübergestanden werden. Die drei Mächte menschlicher Torheit, menschlicher Trägheit und menschlicher Schlechtigkeit sind noch so stark, daß es keinen Fortschritt gibt, der nicht durch sie für lange Zeit in Frage gestellt würde. Und noch ist nicht erkennbar, ob mit dem fünfjährigen Kriege etwa ein weitgreifender Rückschritt begonnen hat und ob ein Verfall von vielleicht ähnlicher Tragweite, wie der Verfall des Altertums, soeben einsetzt. Aber der Rückblick auf die großen, durch die Naturwissenschaften erschlossenen Zeitspannen gibt die Hoffnung, daß die ungeheure Bahn, die der Fortschritt bisher, auf geraden oder auf Umwegen, durchmessen hat, noch nicht abgeschlossen ist. Den entscheidenden Fortschritt im Gebiete des Strafrechts wird darstellen der allmähliche Ersatz des Strafrechts durch Besseres.

---

*

Die Zukunftsaussichten für unsere Strafrechtspflege.

Von Justizrat Dr. Mamroth (Breslau).

Die Reform des deutschen Strafrechts — des materiellen wie des Verfahrens — hat Theoretiker wie Praktiker schon lange beschäftigt, bevor die Novemberereignisse des Jahres 1918 den Umsturz der bisherigen Staatsgrundsätze bewirkten und zur Umwertung zahlreicher, bisher für unverrückbar feststehend erachteter Werte führte. Wenn es deshalb auch sicherlich richtig ist, daß, wie Prof. Goldschmidt in einem gedankenreichen Vortrage im Berliner Anwaltsverein ausführte, nach großen politischen Umwälzungen zunächst stürmisch nach einer Reform der strafrechtlichen Gesetzgebung verlangt zu werden pflegt, so kann man doch nicht behaupten, daß die lebhafte Reformbewegung, die zur Zeit unsere wissenschaftlichen Kreise, wie das mit der Vorbereitung von Gesetzentwürfen befaßte Reichsjustizministerium durchzieht, als eine Folgeerscheinung der staatlichen Umgestaltung anzusprechen ist. Schon annähernd zwanzig Jahre vorher begannen die Vorarbeiten für eine Neuregelung des materiellen Strafrechts durch die Sammlung rechtsvergleichender Darstellungen der einzelnen Materien, die für alle Zeiten ein imposantes Denkmal deutscher Wissenschaftlichkeit und Gründlichkeit bilden wird, schon im Jahre 1910 wurde der Vorentwurf zu einem neuen Strafgesetzbuch mit eingehender Begründung der öffentlichen Kritik übergeben, und noch erheblich länger zurück reichen die immer wieder erneuerten Versuche zur Abänderung der Strafprozeßordnung oder, wie als neuer Titel nun proklamiert wird, des „Rechtsgangs im Strafverfahren". Das Bedürfnis nach diesen Reformen und die Bestrebungen zu ihrer Verwirklichung haben also ihren Niederschlag in tüchtiger fruchtbarer Vorarbeit schon längst gefunden, bevor die neuen Heilslehren ihren Siegeszug angetreten haben. Natürlich werden diese aber bei der Fortentwicklung des Reformwerkes von großem Einfluß sein müssen. Rechtsfragen sind auch Weltanschauungsfragen, und speziell die Ausübung des staatlichen Strafhoheitsrechts erfordert eine principielle Stellungnahme zu der Ausgestaltung der behördlichen Machtmittel einerseits und dem Schutz der persönlichen Rechte des Einzelnen gegen deren Mißbrauch andererseits.

Niemand kann aber verkennen, daß die Weltanschauung weiter Kreise sich verändert und daß das Verhältnis zwischen Staat und Individuum eine gründliche Revision erfahren hat.

Als im Jahre 1909 der letzte Entwurf zur Abänderung der Strafprozeßordnung abgelehnt wurde, hatte sich der, insbesondere von Liszt vertretene Gedanke Geltung verschafft, daß der Reform des Verfahrens diejenige des materiellen Strafrechts vorausgehen müsse, theoretisch eine mit guten Gründen 'zu verteidigende, praktisch aber eine wenig glückliche Auffassung, denn um einem Volke ein neues Strafgesetzbuch zu geben, bedarf es der Verständigung über eine große Menge nicht nur juristischer Fragen, sondern auch solcher der Ethik, der Sozialistik und Nationalökonomie, der Psychologie, Psychiatrie und vieler angrenzenden wissenschaftlichen Gebiete, Fragen, über die von jeher die Meinungen der Gelehrten und Ungelehrten weit auseinander gingen. Jahrzehntelang hat es auch in anderen Staaten z. B. in der Schweiz — in ruhigen Zeiten! — gedauert, bis eine Klärung und Einigung der Ansichten über diese Fragen zu gesetzgeberischer Kodifikation des Strafrechts führen konnte. Ungleich größer sind noch die Hemmungen und Schwierigkeiten, die sich einem solchen Unternehmen in unserer, durch weltgeschichtliche Schicksalsschläge, neue und alte Irrlehren, Haß und Mißgunst Aller gegen Alle unselig zerklüfteten und zerrissenen, Zeit entgegenstellen . . . Unmöglich erscheint es mir, während der Boden unter uns wankt und schwankt und unser Kampf und unsere Sorge dem Ringen nach den Bedingungen einer einigermaßen erträglichen staatlichen Fortexistenz gilt, in absehbarer Zeit das sichere Fundament zu gewinnen, auf dem sich ein, den Zeitverhältnissen und den Bedürfnissen der Volksgesamtheit genügendes, neues materielles Strafrecht aufbauen müßte.

Es war deshalb als ein durchaus verständiger Entschluß zu begrüßen, daß das Reichsjustizministerium unter der Leitung des — inzwischen leider von diesem Posten schon wieder zurückgetretenen — Reichsjustizministers Schiffer sich von dem Gedanken, zuerst die Reform des materiellen Strafrechts durchzuführen, lossagte und es unternahm, zunächst seine Entwürfe zur Änderung des Gerichtsverfassungsgesetzes und der Strafprozeßordnung auszuarbeiten. Und es war weiter sehr zu billigen, daß man davon Abstand nahm, die Entwürfe bereits der Nationalversammlung zu unterbreiten, sie vielmehr „einem künftigen Reichstage“ vorbehielt. Das unwürdige und verhängnisvolle Schauspiel der Durchpeitschung, das wir bei den Erzbergerschen Steuergesetzen erlebt haben, durfte sich bei Gesetzen, die in kodifikatorischer Art einen wichtigen Teil des Rechtslebens der Nation auf lange Dauer regeln und festlegen sollten, nicht wiederholen. Ich denke und hoffe aber, daß die Zeit bis zum „künftigen Reichstag“ auch inhaltlich zu einer gründlichen Revision der Entwürfe und der Frage ihrer Zeitgemäßheit führen wird. Auch ihnen haftet der Fehler der Überstürzung unserer ganzen modernen Gesetzesmacherei an, das hat Oberlandesgerichtspräsident v. Staff in einem vortrefflichen Aufsatz der Deutschen Strafrechtszeitung (1920 S. 3) überzeugend dargelegt, und noch strenger und ablehnender geht Prof. Dr. Schmidt — Leipzig (Jur. W. 1920 S. 20) mit ihnen ins Gericht. Er bezeichnet es mit Recht als ein „gefährliches Experiment, das wir uns im gegenwärtigen Augenblick nicht leisten können“, wenn die Entwürfe eine radikale Umgestaltung des Strafprozesses, eine völlig veränderte Okonomie des Geschäftsgangs und eine ganz neue Arbeitsverteilung sämtlicher am Strafprozeß beteiligten Organe in einem Stadium unserer sozialen Entwicklung anbahnen wollen, in dem „nur Zusammenhalten aller erprobten Kräfte und nur Besonnenheit und bedachtsames Weiterschreiten auf den bewährten Wegen uns einigermaßen über dem Wasser halten kann“.

Wenn ich nach alledem meine Ansicht über die Zukunft der Strafrechtspflege zusammen fassen soll, so bekenne ich mich in der Hauptsache zu einem dilatorischen Standpunkt. Wir müssen mit den großen kodifikatorischen Reformen warten, bis Zeit und Menschen mehr zur Ruhe gekommen sind, bis bessere Aussichten auf Verständigung über grundlegende Prinzipien bestehen, bis unreife radikale Strömungen wieder abgeebbt und bis auch gesetzgeberische Organe vorhanden sein werden, die das Vertrauen rechtfertigen, daß sie in ihrer Gesamtheit den wirklichen Ausdruck der Volksmeinung verkörpern. Dann erst können wir hoffen, aus dem reichen Material von Vorarbeiten einmal reife Früchte zu ernten, und ich halte es für kein Unglück, bis dahin mit den alten Gesetzen weiter zu wirtschaften, die besser sind als ihr Ruf, und die, insoweit wirklich ein dringendes Bedürfnis vorliegt, durch einige novellistische Abänderungen diese mangepaßt werden können.

Im Strafgesetzbuch sind unter dem Sturmwind, der über Deutschland hinweggebraust ist, natürlich zahlreiche Bestimmungen verwittert und obsolet geworden, aber es ist unschädlich, wenn sie vorläufig noch ein formales Dasein fristen, ihre praktische Anwendung ist ja zweifellos ausgeschlossen. Auch die grundlegenden strafrechtlichen und strafpolitischen Gesichtspunkte werden später einmal eine, dem Fortschreiten der Zeit und der wissenschaftlichen Erkenntnis entsprechende, Radikalreform erfahren müssen, aber im Allgemeinen entsprechen die allgemeinen Begriffsbestimmungen doch noch immer dem öffentlichen Rechtsbewußtsein und die Strafrahmen sind elastisch genug, um bei verständiger Abwägung so gerechte Sprüche zu gewährleisten, wie irrende Menschen auf Richterstühlen sie eben finden können. Wenn durch das neue, in Vorbereitung begriffene Gesetz das Recht der „Jugendlichen“ die notwendige Regelung erhalten haben wird, so würde es m. E. für die Übergangszeit genügen, wenn die Zulässigkeit mildernder Umstände mit entsprechenden Strafvorschriften für alle Delikte eingeführt und der „Notparagraph“ 248a auch auf andere Vergehen ausgedehnt wird.

Für die Strafprozeßordnung besteht ein zwingendes Bedürfnis nach eiliger und möglichst sofortiger Abhilfe nur nach zweierlei Richtungen. Erstens müßten die Bestimmungen über die Untersuchungshaft, ihre Anordnung, Dauer und Vollziehung geändert werden. Sie sind inhuman und zweckwidrig, und ihre Anwendung in der Praxis hat sie noch unerträglicher gemacht. Hier muß durch ein kurzes Gesetz die persönliche Freiheit vor Miß- und Übergriffen besser als bisher geschützt werden, und die im Entwurf des Reichsjustizamts nach dieser Richtung gemachten Vorschläge bieten eine gute Grundlage dafür. Und zweitens muß bald etwas geschehen, um Abhilfe gegenüber denjenigen berechtigten Klagen zu schaffen, die von vornherein im Mittelpunkt aller Reformbestrebungen standen. Wir brauchen einen Weg, der die rechtliche Möglichkeit einer Nachprüfung der tatsächlichen Feststellungen der Strafkammerurteile eröffnet. Denn die Erfahrung hat gelehrt, daß — selbst ideale richterliche Gewissenhaftigkeit und Urteilsschärfe unterstellt — die nur einmalige Beurteilung des Tatsachenmaterials schwerwiegende Irrtümer zu Ungunsten des Angeklagten nicht ausschließt. Diese Klagen haben begreiflicher Weise ihren Niederschlag in dem Ruf nach Einführung der Berufung gefunden, und sicherlich wird eine neue Strafprozeßordnung diesen Weg einmal einschlagen müssen. Aber die Einführung der Berufung ist ohne eine allseitige Umgestaltung des ganzen Verfahrens, ohne tiefgreifende Veränderung der gesamten

Gerichtsorganisation und, in Verbindung damit, die restlose Lösung des Problems der Laienmitwirkung nicht ausführbar. Das bedeutet jedoch — wie auch die Entwürfe des Reichsjustizamtes zeigen — einen vollständig neuen Aufbau des Strafprozesses und weittragende Veränderungen der Gerichtsverfassung. Ich komme deshalb auf einen Vorschlag zurück, für den ich schon seit vielen Jahren in juristischen Fachblättern geworben habe, und der auch nach meiner heutigen Überzeugung geeignet ist, mit ganz geringen Veränderungen der jetzigen Strafprozeßordnung leicht und einfach einen schweren Notstand zu beseitigen. Man schaffe provisorischen Ersatz für die vorläufig noch fehlende Berufung, indem man gegen Urteile der Strafkammern, durch die der Angeklagte sich in der Schuldfrage oder im Strafmaße, durch unrichtige oder unvollständige Würdigung des Tatsachenmaterials oder der Rechtsfrage beschwert fühlt, ein erweitertes Wiederaufnahmeverfahren einführt, das, befreit von den engherzigen Einschränkungen des jetzigen, für alle Fälle eröffnet wird, in denen begründete Zweifel gegen die Richtigkeit des ersten Urteils geltend gemacht werden können. Die Einzelheiten dieses Vorschlags zu formulieren ist hier nicht der Ort, daß der Weg aber gangbar ist, beweist die Tatsache, daß man neuerdings in dem „Gesetz über Sondergerichte gegen Schleichhandel und Preistreiberei“ ihn eingeschlagen und als Ersatz für das Fehlen von Rechtsmitteln gegen die inappellablen Urteile der Wuchergerichte die Wiederaufnahme des Verfahrens schon dann zugelassen hat, wenn nur „Tatsachen oder Beweismittel beigebracht werden, die es notwendig erscheinen lassen, die Sache im ordentlichen Verfahren nachzuprüfen“. Übrigens aber spielt gerade im Strafverfahren die Personenfrage die wichtigste Rolle. Mit den richtigen Männern am richtigen Platz — dies gilt besonders von den Vorsitzenden und den Untersuchungsrichtern — wird auch im jetzigen Verfahren eine zeitgemäße und vertrauenswürdige Rechtsprechung gewährleistet sein. In dieser Hinsicht aber hat die Justizverwaltung das Wort.

Die kommenden Strafgesetzbücher.

Von Prof. Dr. Ernst Hafter in Zürich.

In Deutschland, Österreich und der Schweiz lagen, als der Weltkrieg begann, abgeschlossene Strafgesetz-Entwürfe vor. Wenn der Schulenstreit auch nicht zu Ende war, so war es sorgfältiger Arbeit doch gelungen, sich über gewisse Grundlagen der neuen Strafgesetzbücher zu einigen. Die Erfüllung der Strafrechtsreform schien nahe.

Der Krieg wurde auch hier zum Hemmnis. Über den ungeheuren Sorgen des Tages haben die im Krieg stehenden Länder die Arbeit an der Neugestaltung des Strafrechts zurückstellen müssen. In der Schweiz ist es immerhin gelungen, über das Stadium der Vorbereitung hinauszuschreiten. Der schweizerische Bundesrat hat am 23. Juli 1918 dem Parlament den abgeschlossenen Entwurf eines Strafgesetzbuches vorgelegt. Seitdem aber ruht die Arbeit auch am Schweizer Entwurf. Die Überfülle politischer und wirtschaftlicher Probleme, die auch in den Parlamenten neutral gebliebener Länder zu lösen sind, läßt die bedächtige Arbeit der Schaffung eines neuen Gesetzbuches schwer aufkommen. Das ist ein schlimmes Verhängnis, denn eine durchgreifende Neugestaltung des Strafrechts ist heute mehr noch als vor dem Krieg drängende Notwendigkeit: das Verbrechen nimmt zu, nicht nur an Zahl, sondern auch an Intensität und Raffiniertheit und die von der geltenden Gesetzgebung zur Verfügung gestellten Bekämpfungsmittel erscheinen unzureichender als je. Das Verbrechen triumphiert um so mehr, je schwächer und energieloser der Staat ist.

Die Erkenntnis muß kommen, daß auch die Neuordnung des Strafrechts einen wichtigen Teil des Wiederaufbaues der staatlichen Macht und Wirtschaft darstellt. Und ein rasches Vorgehen ist auch möglich. Die wissenschaftliche Arbeit vor dem Krieg hat es in jahrelangem Bemühen dazu gebracht, die Grundlagen eines neuen Strafrechts leidlich festzustellen. Ihren Niederschlag hat diese Arbeit in den Entwürfen der verschiedenen Länder gefunden, und es ist meine Überzeugung, daß diese Grundlagen durch die Kriegszeit keine Erschütterung erfahren haben. Selbstverständlich haben die letzten fünf Jahre auch Kriminalpolitik und Strafrecht beeinflußt: ein Heer neuer Straftatbestände haben sie zur

Entstehung gebracht, die Staatsvergehen haben sich teilweise eine starke Umgestaltung gefallen lassen müssen, unsere Erkenntnis vom Wesen des politischen Vergehens ist bereichert worden. Das alles muß eine neu entstehende Kodifikation selbstverständlich verwerten. Aber das sind nur Einzelheiten, deren gesetzgeberische Verarbeitung verhältnismäßig leicht fällt. Die Hauptsache selbst, die kriminalpolitische Grundlage einer neuen Strafgesetzgebung, wird aber davon kaum berührt.

Ich will versuchen, unter Verzicht auf Einzelbetrachtungen und literarischen Apparat, die der neuen Gestaltung zugrunde liegenden Anschauungen zu kennzeichnen. Daß ich dabei vornehmlich die im schweizerischen Entwurf zum Ausdruck kommenden Gedankengänge verwerte, muß man dem Schweizer zugute halten.

* * *

Zwischen zwei Punkten schwingt die Entwicklung der Strafgesetzgebung. Auf der einen Seite steht der Gedanke der reinen Vergeltung, das punitur, quia peccatum est. Die andere Seite vertritt, unter völliger Ausschaltung ethischer Momente, die Anschauung, daß das Verbrechen lediglich als gefährliche Handlung zu bekämpfen ist. Nach ihr hat das Strafrecht nur die Aufgabe der Schadensverhütung. Der Zweckgedanke kommt in reinster Form zur Geltung. Schuld und Vergeltung, aber auch das Moment der Generalpraevention werden abgelehnt. Von einer Strafe im überkommenen Sinn als Folge eines schuldhaften Verhaltens kann man bei dieser Auffassung konsequenterweise nicht mehr reden. Die Strafen werden in sichernde Maßnahmen umgebogen. An die Stelle des Strafrechts tritt ein Verbrechensbekämpfungsrecht.

Daß die Strafgesetzbücher der Zukunft nicht mehr ausschließlich auf dem Vergeltungsgedanken aufgebaut werden können, ist über allen Zweifel erhaben. Daß aber ebensowenig die Alleinherrschaft der sichernden Maßnahme proklamiert werden kann, ist meine feste Überzeugung. In ganz besonderm Maße muß gerade die Strafgesetzgebung vom Volksbewußtsein getragen sein. Das Volk denkt aber nicht daran, den Strafbegriff fahren zu lassen, auch wenn einseitiger Intellektualismus noch so sehr sich bemüht, Schuld, Verbrechen und Strafe als Unsinn zu erweisen.

Zwischen diesen beiden Punkten liegt der Weg des

Strafgesetzgebers. Dabei handelt es sich keineswegs um ein verächtliches Kompromiß, sondern um die notwendige und innerlich gerechtfertigte Unterscheidung verschiedener Dinge. Ein neues Strafgesetzbuch kann sich nicht mehr einseitig weder auf den Vergeltungsgedanken noch auf das Besserungsprinzip oder auf die Abschreckungsmaxime gründen. Es muß versuchen, der reichen Verschiedenheit der Rechtsbrecher und der Verhältnisse eines differenzierten Lebens gerecht zu werden. Dabei ist unvermeidbar, daß der Rahmen der alten Strafgesetze, die nur Strafrecht sein wollten, gesprengt wird. Neben das Strafensystem muß in den neuen Gesetzbüchern ein System der sichernden Maßnahmen treten. Was an solchen das Verbrechen bekämpfenden Maßnahmen im bisherigen Recht in die Verwaltungsgesetzgebung eingestreut war, ist zu einem guten Teil in das Strafgesetz zu übernehmen. Nur ängstliche Pedanterie kann an einer solchen Erweiterung Anstoß nehmen. Gewiß, das — man kann sagen — ästhetische Bedenken besteht, daß die nicht Strafcharakter tragenden sichernden Maßnahmen im Strafgesetz ein Fremdkörper zu sein scheinen. Die Rechtfertigung für ihre Übernahme liegt jedoch darin, daß der Strafrichter im strafprozessualen Verfahren sie zur Verfügung haben muß. Wenn ein Verbrechenstatbestand erfüllt ist, wenn das strafprozessuale Verfahren angehoben ist und sich dann auf Grund der Akten und der Verhandlungen zeigt, daß wegen der Persönlichkeit des Täters eine Strafe nicht ausgesprochen werden kann, daß aber trotzdem ein behördliches Einschreiten geboten ist, so soll der Strafrichter auch darüber entscheiden. Daran krankt ja gerade das bestehende System der Verbrechensbekämpfung, daß der Strafrichter regelmäßig den nicht straffähigen Rechtsbrecher schlankweg freisprechen und es dem nur wenig gebundenen Ermessen der Verwaltungsbehörden anheimgeben muß, gegen den nicht Bestraften mit Sicherungsmitteln vorzugehen.

Wagt man dagegen, wie die neuen Entwürfe es tun, die Übertragung der Verhängung von Sicherungsmaßnahmen auf den Strafrichter, so bedeutet das einen ungeheuren Fortschritt im Kampf gegen das Verbrechen. Die Zweispurigkeit der künftigen Strafgesetzbücher kann man diesem Fortschritt gegenüber ruhigen Gemütes in den Kauf nehmen. Über diese Zweispurigkeit soll man sich aber auch völlig klar sein, und der neue Strafgesetzgeber hat die Pflicht, den Wesensunterschied zwischen Strafe und Maßnahme mit möglichster

Deutlichkeit zum Ausdruck zu bringen und durchzuführen:

Die Strafe setzt die schuldhafte Verübung eines Deliktes voraus. Sie ist staatliche Gegenwirkung zur Bewahrung der Rechtsordnung. Ihre Art und ihr Maß werden durch die Bedeutung des angegriffenen Rechtsgutes, durch die Schwere des Angriffes und durch die Größe der Schuld bestimmt. Dabei besteht die vornehmste Aufgabe der künftigen Gesetzgebung darin, durch die zweckmäßige Ausgestaltung des Strafvollzuges mehr und mehr auch die individuelle Einwirkung auf den Rechtsbrecher, die Spezialprävention, zur Geltung zu bringen.

Ganz anders die sichernde Maßnahme. Sie wird begründet durch den Zustand des Menschen, den sie treffen soll, durch seine Schädlichkeit, seine Gefährlichkeit. Sie ist ein gesellschaftliches Sicherungsmittel. Sichernde Maßnahme ist, anders als die Strafe, nicht Übelszufügung. Ihre Art und ihr Maß müssen durch den Sicherungszweck bestimmt sein, ihre Dauer insbesondere durch die Dauer des schädlich-gefährlichen Zustandes. Die notwendige Folge aus diesen Tatsachen ist, daß der Richter, der eine sichernde Maßnahme ausspricht, sie auf unbestimmte Zeit zu verhängen hat. Sie muß solange dauern, als der „Zustand“ besteht; sie muß ihr Ende finden, sobald der von der Maßnahme Betroffene „gebessert“ erscheint.

Ich wage aber auch zu behaupten, daß bei der Durchführung dieses zweifachen Systems der Verbrechensbekämpfung der Vergeltungsgedanke nicht untergeht. Im Gegenteil. Er wird neu belebt und auch ethisch verfeinert, weil der Gedanke nach Ausdruck ringt, jeden mit seinem Maße zu messen. Aber allerdings, die Vergeltung ist hier nicht mehr der Zweck des Strafrechts, sie wird zur Eigenschaft der strafrichterlichen Reaktion. Wenn Strafen und Maßnahmen so ausgefällt werden, wie die Individualität des einzelnen Rechtsbrechers, aber auch gesellschaftliche Notwendigkeiten es erheischen, dann ist dem Rechtsbruch auch die gerechte Vergeltung zuteil geworden.

* * *

Was ich auszuführen versuchte, ist die Quintessenz der neuen Kriminalpolitik, wie ich sie sehe. Ich glaube nicht, daß sie bloß theoretisierende Phantasterei ist, sondern daß sie aus einer sorgfältig erlangten Erkenntnis der Lebenstatsachen heraus entstanden ist. Ihre praktische Ausgestaltung ist die ebenso schwierige wie dankbare Aufgabe des künftigen Strafgesetzgebers. Und hier weisen alle drei Entwürfe, der deutsche, der österreichische und der schweizerische, in der gleichen Richtung. Die Unterschiede im einzelnen sind natürlich zahlreich genug. Auf sie ist hier nicht einzutreten. Ich beschränke mich auf den Versuch, die großen Linien der neuen Ordnung zu ziehen. Unterscheidung, Individualisierung — soweit sie ein Gesetz überhaupt durchführen kann — bedeutet hier alles.

Zunächst handelt es sich darum, die jugendlichen und die geisteskranken Rechtsbrecher aus dem eigentlichen Strafrecht herauszulösen, was die Ausschaltung der auf sie berechneten Bestimmungen aus dem Strafgesetzbuch keineswegs zur Folge haben muß. Jugendlichen und Geisteskranken gegenüber, die das Recht gebrochen haben, kommen in der Hauptsache nur sichernde Maßnahmen zur Geltung: Erziehungsmaßregeln, ärztliche Behandlung, Sicherungsvorkehren. Bei der Behandlung der jugendlichen Rechtsbrecher tritt naturgemäß der Erziehungsgedanke besonders stark in den Vordergrund. Das ist heute eine Binsenwahrheit und wenn irgendwo, so trifft es für das Jugendlichenrecht zu, daß die neuen kriminalpolitischen Anschauungen bereits ihren gesetzgeberischen Niederschlag gefunden haben. Sieht man von Einzelheiten, die auch auf diesem Gebiet noch vielfach unabgeklärt sind, ab, so besteht hier namentlich noch in einem Punkt ein grundsätzlicher Unterschied der Anschauungen. Es fragt sich, ob eine Bestrafung Jngendlicher — die Dauer dieser Altersstufe geht in allen drei Entwürfen vom vollendeten 14. bis zum vollendeten 18. Lebensjahr — überhaupt zugunsten sichernder Maßnahmen ausgeschlossen werden soll. Das hat man in der Schweiz gelegentlich gefordert, und es ist bezeichnend, daß die entsprechenden Bestimmungen in einem besonderen Abschnitt des schweizerischen Entwurfes stehen, der die Überschrift „Behandlung der Kinder und der Jugendlichen“ trägt. Einer völligen Ausschaltung der Strafen für den jugendlichen Rechtsbrecher ist aber dringend zu widerraten. Gewiß, wenn seine Tat auf sittliche Verwahrlosung zurückzuführen ist, wenn der Täter sittlich verderbt oder gefährdet ist oder wenn er in einem eine besondere Behandlung erfordernden pathologischen Zustand gehandelt hat, dann müssen Erziehungs- und Sicherungsmittel zur Geltung kommen (schweiz. E. Art. 87 ff., 92). Sind aber solche Zustände nicht erweisbar, so soll gestraft werden. Ethische, pädagogische und kriminalpolitische Rücksichten erfordern es. Allein das jugendliche Alter sollte nicht lediglich zu einer Milderung der für den erwachsenen

Verbrecher bestimmten Strafen führen, wie es der deutsche und der österreichische Entwurf vorsehen (deutscher E. § 69[I], österr. E. § 56). Vielmehr rechtfertigt sich die Schaffung eines besonderen Strafensystems. Der schweiz. E. beschreitet diesen Weg. Er sieht in Art. 93 für den „normalen" jugendlichen Rechtsbrecher Verweis oder „Einschließung" — an Stelle von Zuchthaus und Gefängnis — vor. Jedenfalls muß das Ziel sein, keinen Jugendlichen mehr in die für erwachsene Verbrecher bestimmten Strafanstalten einzuweisen (vgl. auch den deutschen E. § 70).

Grundsätzliche Übereinstimmung besteht zwischen den Entwürfen darin, daß der nicht strafbare Unzurechnungsfähige verwahrt werden muß, wenn er die öffentliche Sicherheit oder Ordnung gefährdet, wenn er gemeingefährlich ist (deutscher E. § 65, österr. E. § 36, schweiz. E. Art. 13/14). Hier ist das ureigenste Gebiet der sichernden Maßnahmen. Unter der Voraussetzung der Gemeingefährlichkeit oder eines andern eine Heilbehandlung erfordernden Zustandes muß aber auch der vermindert Zurechnungsfähige, der grundsätzlich strafbar ist, der Verwahrung zugeführt werden (deutscher E. §§ 63 II, III, 65, österr. E. § 37, schweiz. E. Art. 11, 13, 14). Ob die Verwahrung dem Vollzuge der ausgesprochenen Strafe nachfolgen soll oder ob sie in erster Linie Platz greifen soll, ist eine bisher nicht einheitlich gelöste Frage, auf die ich hier nur hindeute.

Ist es dem Gesetzgeber auf diese Weise gelungen, die jugendlichen, die unzurechnungsfähigen und bis zu einem gewissen Maße auch die vermindert zurechnungsfähigen Rechtsbrecher aus dem eigentlichen Strafrecht herauszulösen, so tritt gegenüber dem „Normalen", wie man ihn in diesem Zusammenhang unmißverständlich nennen kann, das Strafrecht in den Vordergrund. Keineswegs ist hier der Gedanke der Generalprävention, die warnende und abschreckende Macht der Strafe, auszuschließen. Weit wichtiger und für die gesetzgeberische Ausgestaltung im einzelnen bestimmend ist aber der Grundsatz der Spezialprävention. Es handelt sich darum, die Strafen und namentlich ihren Vollzug so zu gestalten, daß sie der Eigenart des Rechtsbrechers möglichst angemessen sind. Das führt notwendig auch hier zu einer individuellen Betrachtungsweise. Die Individualisierung aber bis zu ihren letzten Enden durchzuführen, ist eine gesetzgeberische Unmöglichkeit. Man muß sich damit begnügen, wenigstens bestimmte Typen des Rechtsbrechers aufzustellen und die jedem Typus gemäße strafrechtliche Reaktion zu finden. Auch diese Arbeit ist, wenn auch in zahlreichen Einzelheiten noch Zweifel bestehen, von der Kriminalpolitik der letzten 30 Jahre gefördert worden. Ihre gesetzgeberischer Niederschlag zeigt sich unverkennbar in allen drei Entwürfen..

Eine Gruppierung unter drei Gesichtspunkten ergibt sich Ich bin allerdings weit davon entfernt, diese Dreiteilung als etwas Vollkommenes oder gar Abschließendes auszusprechen. Aber sie erleichtert wenigstens die Durchführung eines zielbewußten gesetzgeberischen Programms.

1. An erster Stelle ist der große Kreis der harmlosen Kriminellen zu nennen, deren Tat in der Regel auf Leichtsinn und Gelegenheit zurückzuführen ist. Gewöhnlich werden es Leute sein, die zum erstenmal vor den Strafrichter treten. Ihre Tat wiegt nach Schuld und Erfolg nicht allzu schwer. Geldstrafe, Haft und Gefängnis sind die angemessene Strafreaktion. Hier eröffnet sich auch das Gebiet der bedingten Verurteilung, deren Sinn ist, einem Verurteilten den Vollzug der verwirkten Strafe unter bestimmten, von ihm selbst zu erfüllenden Bedingungen zu ersparen und weiter die Strafe selbst entfallen zu lassen. Man hat mit Recht gesagt, daß die Strafe diesen Rechtsbrechern gegenüber vor allem als Warnung und Abschreckung zu wirken hat.

2. Ganz anders ist die strafrechtliche Reaktion gegenüber den Verbrechern aus Liederlichkeit und Willensschwäche zu gestalten. Es handelt sich um die schwerere Kriminalität, namentlich auch wenn man die Persönlichkeit des Täters in Betracht zieht. Vielfach sind es bereits Rückfällige, die vor den Richter treten. Die Warnung der bedingten Verurteilung reicht nicht mehr aus. Heute wird diese „breite Mittelschicht" der Kriminellen regelmäßig mit Gefängnis oder Zuchthaus bestraft. Vom alten Vergeltungsstandpunkt aus mag das genügen, nicht aber unter dem Gesichtspunkt einer vorgeschritteneren Kriminalpolitik. Die zweckmäßige Lösung kann nur darin liegen, daß bei diesen Verbrechertypen mit dem Strafrecht das Maßnahmenrecht verbunden wird. Das wird insbesondere im deutschen und im schweizerischen Entwurf durchgeführt. Beide Entwürfe sehen gegebenenfalles die Einweisung des Täters in ein Arbeitshaus (Arbeitserziehungsanstalt) und in eine Trinkerheilanstalt vor (deutscher E. §§ 42 und 43, schweiz. E. Art. 41 und 42). Dabei scheint mir der kriminalpolitische Gedanke besonders prägnant im Art. 41 des schweizerischen Entwurfes zum Ausdruck zu gelangen, den

ich, um ein Beispiel anzuführen, kurz kennzeichnen will: Wenn ein Täter, der wegen eines Vergehens zu Gefängnis verurteilt wird, liederlich oder arbeitsscheu ist und sein Vergehen damit im Zusammenhang steht, so kann ihn der Richter in eine Arbeitserziehungsanstalt einweisen und den Strafvollzug aufschieben. Nach Ablauf eines Jahres ist bedingte Entlassung aus der Anstalt möglich, wenn angenommen werden kann, der Verurteilte sei „zur Arbeit tüchtig und bereit". Die Entlassung erfolgt auf eine Probezeit von einem Jahr. Bewährt sich der Entlassene bis zum Ablauf der Probezeit, so wird die Entlassung endgültig. Andernfalls, wenn er während der Probe wieder liederlich oder arbeitsscheu wird, wenn er sich der über ihn verhängten Schutzaufsicht beharrlich entzieht oder den von der Schutzaufsicht erteilten Weisungen zuwiderhandelt, kann er in die Arbeitserziehungsanstalt zurückversetzt oder es kann dem Richter der Vollzug der ausgesprochenen Strafe beantragt werden.

3. Die schlimmste crux der Kriminalpolitik aber bleibt die Frage, wie dem gewohnheitsmäßigen und gewerbsmäßigen Verbrechertum beizukommen ist. Das bestehende Strafrecht hat hier seine Machtlosigkeit erwiesen. Der Beweis liegt schlüssig genug in dem Heer der vielfach Vorbestraften. Beschleicht nicht den Richter ein aus Ohnmacht und Mitleid gemischtes Gefühl, wenn er einen zehn-, zwanzig-, dreißigfach Vorbestraften vor sich stehen hat und sehen muß, daß die Anwendung der strafgesetzlichen Rückfallsbestimmungen völlig versagt? Hier vor allem tut eine Neuorientierung not. Sie erscheint nur möglich durch die Heranziehung sichernder Maßnahmen. Die Gesetzesentwürfe, auf die hier namentlich abgestellt wird, haben zum Teil diesen Schritt erst zögernd gewagt. Der deutsche Vorentwurf von 1909 (§ 89) sieht gegenüber dem gewerbs- und gewohnheitsmäßigen Rechtsbrecher nur verlängerte Zuchthausstrafen vor, die allerdings in besondern, für diese Verurteilten ausschließlich bestimmten Anstalten vollzogen werden sollen. Im österreichischen Entwurf (§ 38) wird eine weitere, im Maximum zehn Jahre dauernde „Anhaltung" über die Verbüßung der verwirkten Strafe hinaus vorgeschlagen, wenn der Täter als gemeingefährlich erscheint oder anzunehmen ist, er werde sich von weitern strafbaren Handlungen nicht abhalten lassen. Auch hier soll die Anhaltung wegen fortdauernder Gemeingefährlichkeit in einer besondern Anstalt oder in einer besondern Abteilung einer Strafanstalt erfolgen. — Die Entwicklung dieser Gedanken

hat aber inzwischen Fortschritte gemacht. Der § 98 des sog. deutschen Gegenentwurfs schreibt vor, daß der Richter den als gewerbs- oder gewohnheitsmäßig erkannten und für die Rechtssicherheit gefährlichen Verbrecher neben der Strafe in eine Verwahrungsanstalt einweisen kann, wobei die Aufenthaltsdauer durch die Landespolizeibehörde bestimmt wird. Diese Sicherungsverwahrung ist dann, im wesentlichen anschließend an den Gegenentwurf, auch von der deutschen Strafrechtskommission übernommen worden (vgl. Ebermayer, Beschlüsse der Strafrechtskommission, Berlin 1914, S. 26f).

Auch hier, scheint mir, hat der schweizerische Entwurf die folgerichtigste Lösung vorgeschlagen: Der Richter kann nach Art. 40 den als gewohnheitsmäßigen Verbrecher qualifizierten Täter zwar zu Freiheitsstrafe verurteilen, ihn aber sofort in eine Verwahrungsanstalt einweisen, wobei die Verwahrung an die Stelle der Freiheitsstrafe tritt. Der Aufenthalt in der Verwahrungsanstalt dauert bis zum Ablauf der Strafzeit und mindestens fünf Jahre. Die Entlassung erfolgt in jedem Falle nur bedingt.

Ich habe, ohne mich in die Ausgestaltung der Bestimmungen der einzelnen Entwürfe zu verlieren, nur den kriminalpolitischen Hauptgedanken herausgeholt: die Verwahrungsanstalt, die an die Stelle der Strafe tritt. Das muß das Ziel sein. Es ist auf dem europäischen Kontinent bisher noch nirgends erreicht. England jedoch hat, gestützt auf die Prevention of Crimes Act von 1908, bereits in allen drei Königreichen Verwahrungsanstalten für gewohnheitsmäßige Verbrecher geschaffen.

* * *

Alles ist im Fluß. Nichts ist vermessener, als der Glaube, eine gesetzgeberische Ordnung menschlicher Lebensverhältnisse sei für die Ewigkeit geschaffen. Die Gedanken, die vor hundert Jahren den Strafgesetzgeber leiteten, leiten mußten, haben heute zum großen Teil ihre Kraft verloren. Die gesellschaftlichen und staatlichen Verhältnisse, unsere Anschauung vom Menschen, unsere Erkenntnisse sind anders geworden. Und trotz allem Wandel spricht der Strafrichter von heute noch Recht auf Grund von Gesetzen, die auf der Gedankenwelt einer versunkenen Zeit beruhen. Das muß anders werden. Trotz aller andern Nöte der Zeit darf in keinem Lande, das einen zielbewußten Kampf gegen die wachsende Flut des

Verbrechens aufzunehmen gewillt ist, die Arbeit an den neuen Strafgesetzbüchern zurückgestellt werden. Die Vorbereitungen sind wie kaum auf einem andern gesetzgeberischen Gebiet sorgfältig durchgeführt. Keinerlei Gründe liegen vor, um den Abschluß der neuen Strafgesetzbücher länger hinauszuzögern.

Aphoristische Gedanken über Prinzipien der strafenden Gerechtigkeit.

Von Dr. Richard Wahle, em. o. ö Universitäts-Professor der Philosophie und Pädagogik (Wien).

1. Soll der Philosophie schon die große Ehre zuteil werden, ein Wörtchen in Sachen der Strafrechtsentwicklung mitreden zu dürfen, so muß sie sich, mehr noch als irgendeine andere Geistesbestrebung, hübsch der geziemenden Bescheidenheit befleißigen. Wollte sie das große Wort führen, so würde sie sich peinlichen Unannehmlichkeiten aussetzen, zunächst bei jenen Faktoren, die so geübt sind, Kompetenzüberschreitungen aufzuspüren und zurückzuweisen.

Welche Arbeitssumme von Spekulationen könnte sich doch mit der messen, die von Kriminalisten an die Verbesserung des Strafrechtes drangesetzt wurde! Die vergleichende Darstellung aller staatlichen Strafgesetzgebungen, Materialsammlungen, ihre Aufarbeitungen, Vorentwürfe von Gesetzen, gutachtliche Äußerungen, Gegenentwürfe: welche allseitige, emsige, mit brennender Begier das Rechte suchende Tätigkeit! Da soll die Philosophie ihre Weisheit durch Schweigen bekunden und den Millionen Laien, den Theaterdichtern und den jeweilig von einer Strafjurisdiktion Getroffenen es überlassen, auch eine neueste Kodifikation der Unzulänglichkeit anzuklagen. Solchem Gerede gegenüber werden sich die Kriminalisten wohl mit Beruhigung auf ihren vollkommen guten Willen, ihre tiefe Einsicht und ihr umfassendes Wissen zurückziehen dürfen. Nur brauchen sie nicht zu denken, daß sie eine Wissenschaft vertreten. Die Natur der Wissenschaft ist, Arten von Gegebenheiten zu durchleuchten, Einblicke in das Wesen schwieriger Dinge, in ihre Zusammenhänge und Ursachen zu erschließen; die Strafrechtslehre aber tut nichts Derartiges, sondern ist eine Ordnungs- und Verwaltungskunst. Eine Kunst, eine Politik, die gerechte zweckmäßige Gesetze schaffen will. Sie enthüllt nichts, sondern sie will einem Notstande abhelfen. Sorgsame Erwägungen, Doktrinen, Systembildungen machen nicht gerade eine Wissenschaft aus und sind auch außerhalb einer Wissenschaft nötige Requisite. Die Kriminalisten werden doch nicht darauf erpicht sein, gerade den Titel Männer der Wissenschaft zu führen und sich etwa um das — sprachlich so scheußliche — Prädikat Wissenschaftler bewerben wollen. Sie sind Denker, Helfer, Techniker, Berater, Lehrer. Die Geschichte ihrer Bemühungen gehört wohl in eine Wissenschaft, in die der Kulturgeschichte; und verhältnismäßig beschränkte Bestrebungen, die armselig in den Dienst der mächtigeren Strafrechtsdoktrin treten können, wie etwa die kriminelle Anthropologie, kriminelle Statistik, das sind so Wissenschaften, respektive Teile weitreichender deskriptiver Forschung.

2. Juristen sind oft so demütig, die Philosophie um theoretische Aufklärung über die Begriffe von Absicht, Tat, Täterschaft, Versuch, Irrtum, Kausalität, Zufall anzugehen. Das ist nutzlos. Die Jurisprudenz ist hier vollkommen selbstherrlich. Die philosophisch allgemeine Definition kann der Jurisprudenz bei ihren Tendenzen eine Praxis zu gestalten, nicht beispringen. Man wird nichts erreichen, wenn man aus den Anwendungsfällen landläufig kursierender Bezeichnungen strafrechtliche Definitionen herauspressen will; und man kann auch nicht von irgendeinem Philosophen den einem vulgären Begriffe zugewiesenen Inhalt in das strafrechtliche Denken übernehmen. Vielmehr muß das Strafrecht selbsttätig aus der vorgängigen Kenntnis der Strafwürdigkeit von Handlungen — die von dem Gewissen oder dem Zeitbewußtsein empfohlen wurde — in die benötigten Termini einen spezifisch strafrechtlichen Inhalt für sich einfüllen. Rein praktische Bedürfnisse, nicht allgemein ontologische oder psychologische, müssen die Grundbegriffe des Rechts modeln, möglichst scharf, aber nicht philosophisch.

3. Eines der sichersten Ergebnisse der gesamten Denkbemühung ist die Erkenntnis der Willensunfreiheit, des Determinismus. Er wird von den meisten Kriminalisten wie der Teufel gefürchtet, wie der Zerstörer, denn sie glauben, er würde alle Strafmöglichkeit, die Ideen der Schuld und Sühne aufheben. Solche Angst ist ganz überflüssig. Ja, umgekehrt muß der Determinismus darüber traurig sein, daß er, so sicher er ist, kaum eine Ingerenz auf die Strafgesetzgebung ausüben kann. Jede Tat resultiert absolut aus der jeweiligen Konstitution des Täters — sei sie im Gehirn, sei sie in der Seele repräsentiert — wie sie durch die Antezedenzien — sei es die Natur, sei es Gott — notwendig bedingt ist. Erfahrung,

Erziehung, Bildung, Pressionen können nur wirksam werden wenn eine vorausgehende Empfänglichkeit für ihren Einfluß gegeben ist. Was in einem Momente gewählt wurde, konnte in eben diesem nicht einer anderen besseren Wahl weichen, auch wenn der Täter selbst glaubt, in seiner Illusion der Willensfreiheit, er hätte anders wählen können. Er kann sich zwar in abstrakto eine andere einwandfreie Wahl vorstellen, er kann auch ein andermal gedeihlicher gewählt haben, aber jene Kräfte, Hemmungen oder Impulse, die zu einer edleren Wahl hätten beitragen können, waren in dem kritischen, gegebenen Momente noch nicht aktiviert, noch nicht mobilisierbar. Wer sich bessert, hat eine Besserungskraft eben überkommen; wem sie fehlt und wem die Mittel fehlen, in sich die Besserungskraft zu gestalten, kann sich nicht bessern. Die rechte Hand kann alles machen, nur kann sie nicht, wenn sie nicht ist, sich selbst machen. Und dieser so sichere Determinismus — es ist staunenswert — kann bei unserem Menschentum auch nicht eine Linie des Strafgedankens umbiegen. Er könnte es in einem Reiche Gottes, hier nicht. Die Wahl, die der Übeltäter getroffen hatte, war schließlich doch die Wahl des in ihm — wenn auch notwendig konstituierten — herrschenden Gemüts- und Willenssystemes, die Wahl hat seinen gefährlichen oder sündhaften Charakter erwiesen, man muß sie genau ihm zurechnen, er ist der zu fürchtende Verleugner, Feind der Gerechtigkeit, vor ihm muß man sich schützen, ihn muß man eventuell zu bessern versuchen, in ihm und in anderen wird Strafandrohung, soweit Empfänglichkeit dafür vorhanden ist, möglicherweise heilsam werden und den guten Weg bahnen. Ja, der von dem allgemeinen Determinismus überzeugte Missetäter müßte das Gericht bitten: treibt mir meine Dämonen aus. Juristisch so folgenlos erscheint der Determinismus.

4. Die Geschichte der Philosophie bekundet ihre Hilflosigkeit gegenüber ihren erhabenen Problemen; die Nichtigkeit menschlicher Erkenntnishoffnungen ist klar geworden, im Meer der Unwissenheit erhebt sich nur ein schmales Inselchen der Sicherheit. Und leider auch das, was der Philosophie benachbart ist, was an sie rührt, wird von einer Wertminderung seiner Spekulation angekränkelt. Man denke nur an die diversen Strafrechtstheorien; da steckte Philosophie drin. Hier die einseitige Hervorhebung von gewissermaßen ordinären, relativen Nützlichkeitsmomenten, Abschreckung, Androhung, Warnung, Korrektion; hier die einseitige Hervor-

hebung gewissermaßen nobler, absoluter idealer Momente, Gerechtigkeit, Sühne, Gleichgewicht zwischen Böses tun und Böses leiden. Welcher sachlich Denkende aber, mit etwas gesundem Menschenverstand Begabte, der nur nicht durch seine literarischen Ambitionen verführt war, mit zugespitzten Thesen und imposanter Einheitlichkeit zu blenden, konnte jemals diese Theorien hören, ohne gegenüber der verbohrten Geltendmachung eines einzigen besonderen Strafprinzipes eo ipso auch die Notwendigkeit aller übrigen zu empfinden? Keines behielt recht, weil in jedem Falle ein anderes recht behielt. Die relativen Theorien sind keine Panacee, die absoluten auch nicht. Nach den ersteren bliebe derjenige, der nach einer einmaligen Verfehlung die Gewähr böte, nie wieder straffällig zu werden, straffrei, und derjenige, der begründete Aussicht böte, daß er immer wieder vom neuen straffällig werden würde, bliebe auch straffrei. So einerseits etwa der edle Gatte, der seine untreue Frau umgebracht hat, um im übrigen nicht einen Schritt vom Wege des Rechts und der Moral abzuirren; und anderseits etwa der unverbesserliche Wucherer. Die Idee der absoluten Gerechtigkeit aber ist gegenwärtig noch unfaßbar. Pontius Pilatus hätte auch fragen können: was ist Gerechtigkeit? Die Strafe dient ja gar nicht der Aufrechthaltung der Gerechtigkeit, sondern nur der Aufrechthaltung einer staatlichen, zufälligen Rechtsordnung. Ganz undurchführbar ist die Bilanzierung zwischen verbrecherischer Störung und Wiederherstellung der staatlichen Ordnung und die Rechnung betreffs der Restitution des Friedenszustandes der Gesellschaft. Hat man weiterhin dann alle Theorien zusammenschmelzen wollen, so läßt sich über die Wahl der Perzentsätze der Legierung erst recht noch weiter streiten. Stich hält in den Anstürmen der kriminalistischen Kasuistik keine philosophische Theorie, sondern gewissermaßen nur die Trivialität, nur die gemeine Anschauung des Volkes: die Rachsucht; die Überzeugung, es dürfe dem Verbrecher nicht so gut gehen, wie dem Korrekten; und ferner das, was man die Stigmatisierung der Taten nennen könnte. Würde man nicht bestimmte Handlungen als verpönte bezeichnen, würde nicht die Bekanntmachung, Promulgation der Strafbarkeit erfolgen und die Strafmarke selbstverständlicherweise an dem Täter angebracht werden, so wäre ja ganz simpel die Indifferenz von Gut und Böse etabliert.

5. Wenn wir doch praktische Psychologie, nämlich sichere Menschenkenntnis besäßen! Freilich auf dem jetzt beliebten

Wege der Intelligenzprüfungsversuche, an Kindern und fragwürdigen Geistern angestellt, wird man die Menschenkenntnis nicht vervollkommnen. Hätte man eine solche nennenswerte Psychognomik — man gestatte diesen Ausdruck —, dann könnte man wenigstens an gedeihliche Strafmittel denken. Eine Besserung der Gesetzesübertreter wird natürlich womöglich anzustreben sein. Aber ist man sicher, daß sie auch nur in einem Falle tatsächlich erfolgt? Wenn Delinquenten nicht wieder straffällig wurden, ist das vielleicht eher auf die Zunahme ihrer Vorsicht als auf die Umstimmung ihrer Gesinnung zurückzuführen. Der Staat, der in wirtschaftlichen und finanziellen Experimenten schon so ungeschickt ist, wie ungeschickt muß er erst sein, wenn er mit Menschenseelen experimentiert. Wenn man die nötige Einsicht in die Charakteranlagen hätte, dann würde man vielleicht in einem Menschen, der einen kleinen Diebstahl begangen hat, schon den dauernd zu fürchtenden Schädling der Gesellschaft erkennen und ihm nicht eine geringfügige Strafe zusprechen, sondern ihn auf Lebzeiten unschädlich machen. Ist es bei dem erwähnten Gattenmörder zum Beispiel so sicher, daß seine Leidenschaftlichkeit nicht das nächstemal wieder an einem anderen Menschen oder Gute sich vergreifen werde? Es ist sehr fraglich, ob nicht der sogenannte Augenblicks- oder Gelegenheits-Verbrecher denselben bösen Charakter hat — wenn auch nicht dieselben Gelegenheiten — wie der Zustands- oder Gewohnheitsverbrecher. So ist es auch unsere psychologische Schwäche, die uns zwingt, die strafrechtliche Zurechnungsunfähigkeit auf ein Minimum zu beschränken. Man dürfte die Strafabschwächungsgründe, wie Affekte, zeitweilige Sinnesverwirrung, momentane Unzurechnungsfähigkeit, Verzweiflungsakte gar nicht gelten lassen; die Psychiatrie kann das reelle Vorhandensein solcher Erscheinungen nicht ganz sicher beurteilen; sie können vom Verbrecher künstlich gespielt werden. Jedes Verbrechen kann ganz leicht solche Masken vornehmen und auf diese Weise Ausflucht vor Bestrafung finden. Die Milde in Ehren, aber die Stigmatisierung von Vergehen kommt durch eine solche Zulassung von Strafminderungs- oder Milderungsgründen unrettbar ins Schwanken. Nur der evident vollkommen Geistesgestörte, der gewissermaßen nicht mehr Mensch ist, der Tat und Strafe nicht mehr begreift, dürfte der Auszeichnung der Zurechnungsunfähigkeit teilhaftig werden. Lediglich bei der Prüfung seines Zustandes ist keine psychiatrische Irrung möglich und lediglich sein ganz zersetzter

Habitus könnte von keinem weniger Kranken simuliert werden.

6. Ist aber einerseits die Sicherung, der Selbstschutz des Staates ein selbstverständliches Gebot — wie glücklich wäre man, wenn man die gegenwärtigen Strafarten ganz entbehren könnte und anstatt Haft, Zwangsarbeit oder sogenannter angemessener Beschäftigung, Fasten usw. seelisch eingreifende, wirksame, wahrhafte Besserungsmittel zur Verfügung hätte. Oh, wenn man doch für jeden Delinquenten einen Sokrates auftreiben könnte, der mit Allbegreifen, Allmitleid, Allmilde und Allweisheit vielleicht in kurzer Zeit eine wunderbare Veredlung zustande brächte. Von solchen Träumen abgesehen, könnte etwa die Verbrecherbehandlung der Jugendfürsorge nähergerückt werden. Aber die Pädagogik der Verbrecherbesserung ist natürlich noch prekärer als die allgemeine Schulpädagogik. Es wurden Vorschläge gemacht, den Verbrecher frei in Familien unterzubringen und anderes, was nur zu erproben schon mißlich ist. Könnte der Verbrecher zu seiner Strafe und seiner Humanisierung dem speziellen Kreise seines Opfers dienstbar gemacht werden? Vielleicht sind für dieses allerwichtigste Kapitel der Strafmethoden noch am wenigsten Ideen laut geworden.

7. Was das Gerechtigkeitsgefühl des Volkes auch verlangt — und wohl hoffnungslos verlangt — ist die Ausdehnung der Strafe auf korrupte Gesinnung, auch wenn sie es nicht bis zu einer Schädigung brachte. Man würde wünschen, daß z. B. ein unlauterer Wettbewerb nicht nur dann, wenn er zum Schaden der Konkurrenten unternommen wird, der Bestrafung anheim falle. Die Leute wünschen, daß schon der böse Wille und selbst der mißglückte Versuch strenge bestraft werde, ebenso, gleich einem gebrochenen Eheversprechen, jeder Verrat, sogar Herzlosigkeit. Es scheint ihnen wünschenswert, daß gewisse soziale Verbände Inkorrektheiten, unfaires Benehmen der Verbandglieder obligatorisch, unter Verwendung der Publizität, zu strafen hätten. Indes, die Laien sowie die Dichter wären wahrscheinlich schlechte Gesetzgeber.

8. Eine neue Form des Strafrechtes würde erwachen, wenn die Sonne einer echten Völkervereinigung aufgehen würde. Dabei ist nicht nur an solche relativ minder bedeutsame Fragen zu denken, die bei der Staatenscheidung heute große Schwierigkeiten machen, dann aber wegfallen würden, wie die Strafprinzipien für Ausländer. Nein, die Grundmaximen der Gerechtigkeit würden erst bei solcher Staaten-

unifizierung hervortreten. Solange die Übervorteilung eines Staates resp. seiner Staatsbürger durch die eines anderen Staates gestattet ist, solange politische Brutalität zu Recht besteht, und allerorten Schutzwehren dagegen aufzurichten sind, solange müssen auch Schatten dieser Immoralität auf den inneren staatlichen Handel und Wandel fallen, und die Vorstellungen von individueller Freiheit von Erlaubt und Nichterlaubt beeinflussen. Um es nur so beiläufig zu sagen: Leute, die immerfort bereit sind, die Häuser ihrer Nachbarn anzuzünden, werden wohl im eigenen Hause nicht dem Geiste der Gerechtigkeit opfern. Freilich haben ideale Rechtshoffnungen nichts gemein mit einem sogenannten Völkerbund, der eine momentane Gruppenmacht stabilisieren und edelste Staaten mit Zurückdrängung und Vergewaltigung bedrohen will. Noch ist die Möglichkeit des Aufschwunges einer absoluten Rechtsgesinnung durch viele Animositäten verrammelt. Nur bei einem wahrhaften Völkerfrieden wird die Gerechtigkeit, die jetzt noch fern auf Wolken ruht, in die Zivilisationsideen, von denen jedes Recht beherrscht wird, ihren glorreichen Einzug halten.

Wie immer das auch werden mag, die in Deutschland so unentwegt fortgesetzten Bestrebungen um ein gereinigtes, gerechtes Strafrecht werden durch alle Zeiten ein großartiges Denkmal bilden für die unübertreffliche, ehrliche Sachlichkeit die treue Gründlichkeit, für die lautere Liebe zur Vervollkommnung, die dem deutschen Charakter innewohnt.

Trennung von Kirche und Strafrecht.

Von Fritz Mauthner.

Immer wieder ertönt die Forderung nach einer Trennung von Kirche und Schule; eine Neugestaltung der Gesellschaft ist nicht durchzuführen, wenn nicht vorher die Macht der ältesten Gesellschaft über die Schulkinder gebrochen worden ist. Der Kampf um die Schule ist der Mittelpunkt des „Kulturkampfes.“ Doch über der Wichtigkeit dieser Forderung vergißt man leicht, daß die Trennung der Kirche von andern Lebensgebieten ebenfalls nötig ist. Man könnte es so ausdrücken, daß die völlige Trennung der Kirche von der Hochschule endlich durchgeführt werden müsse. Von den vier Fakultäten der Universität hat nur die Theologie unter der Herrschaft der Kirche zu stehen, so lange nämlich die übrigen Fakultäten die Theologie als eine wissenschaftliche Disziplin anerkennen werden. Noch aber hat der Einfluß der Kirche auf die philosophische Fakultät nicht ganz aufgehört, noch nimmt selbst die Heilkunde manche Rücksichten auf die Kirche, noch ist besonders die Jurisprudenz mit kirchlichen Vorstellungen durchsetzt, im Strafrecht wie im Strafprozeß. Die Trennung von Kirche und Recht ist noch nicht vollzogen.

* * *

Am wenigsten in den allgemeinen Begriffen von Verbrechen und Sünde. Wir alle sind dem übergeordneten Wesen nur einen einzigen Tod schuldig; die Gemeinsprache duldet aber die Anschauung, daß wir für unsere Handlungen und Unterlassungen zunächst hier und dann im Jenseits verantwortlich seien, hier und dort nach den Buchstaben eines geschriebenen Gesetzes. So war es nicht vor dem Siege des Christentums. In der antiken Welt — so weit sie frei war vom gröbsten Aberglauben — gab es nicht zweierlei Richter über das eine Menschenleben; nur wer etwas versehen hatte, nur wer etwas pecciert hatte, beging ein peccatum, un péché. Man kann sagen: im Altertum wußte das Volksgewissen nur von Verbrechen, im Mittelalter wußte es nur von Sünden. Kirchlich gerichtet war die Lehre, die jedes Verbrechen als eine Handlung gegen Gottes Gebote auffaßte, kirchlich begründet wurde so jede bestialische Grausamkeit auch im Vollzug der Strafe. Menschenrechte gab es weder für den Staat, noch für die Kirche; rechtswidrige Handlungen wurden wie überall von armen Teufeln begangen, die man als Menschen nicht gelten ließ; auf mehr als 150 Arten rechtswidriger Handlungen stand der Tod.

* * *

Der Barbarei dieses christlichen Strafrechts stellte sich erst seit dem 16. Jahrhundert das Naturrecht gegenüber, später auch die neue Wissenschaft der Psychologie. In Deutschland hat sich um die Befreiung des Rechts niemand wieder so verdient gemacht, wie Thomasius, der ja auch mit Entschiedenheit Ketzerprozesse und Hexenprozesse verwarf. Unsere heutigen Reformatoren des Strafrechts sollten an diesem Thomasius sich ein Beispiel nehmen. Es handelt sich ja heute wie damals um den gleichen Wahnsinn, den Thomasius nicht länger dulden wollte. Auch heute müßte man wie in der Zeit der Hexenprozesse oft erst fragen: gibt es das in der Wirklichkeitswelt, was nach dem Herkommen so streng bestraft wird.

* * *

Auch das Naturrecht dachte nicht daran, die Grundlagen des Privatrechts zu untersuchen. Der Eigentumsbegriff gehörte zu den Glaubenssätzen mehr noch des Staatsgesetzes als der Bibel; der Glaube an das Eigentumsrecht schien wirklich so fest zu stehen wie der Glaube an Gott oder wie der Glaube an den Teufel, je nach dem. Es ist wenig Aussicht vorhanden, daß ein neues Natur- oder Vernunftrecht die gesamten Anschauungen des Privatrechts umgestalten werde. Reif ist unsere Zeit nur für die Entfernung kirchlicher Fremdkörper aus dem Prozeß und aus dem Strafrecht.

* * *

Der Prozeß — in Privatsachen ebenso wie in Strafsachen — kennt immer noch eine kirchliche Einrichtung als letztes Mittel zur Erforschung der Wahrheit, den Eid. Als die Leute noch gläubig waren, hatte der Eid einen guten Sinn; die Berufung auf Gott bedrohte den Meineidigen mit entsetzlichen und ewigen Höllenstrafen, so daß sich gewiß viele Zeugen aus Angst veranlaßt sahen, ehrlich auszusagen. Heutzutage ist der Unglaube allgemein und jeder Richter weiß aus Erfahrung, daß täglich unzählige Meineide geschworen werden, regelmäßig dann, wenn eine Aufdeckung des Meineides unwahrscheinlich ist. Der Richter wird immer auf Mittel sinnen müssen, wahrhaftige Zeugenaussagen zu erlangen, wenn es auch wahre Zeugenaussagen nicht gibt; die Berufung auf eine Strafe Gottes ist in gottloser Zeit ein solches Mittel nicht. Hinter der heute noch allgemein geltenden Anwendung des Eides steckt verborgen der alte Aberglaube an Ordalien oder Gottesurteile.

* * *

Das schlechte Gewissen der Juristen, die den Begriff der Gotteslästerung auch in den neuesten Strafgesetzbüchern beibehielten, verrät sich schon in der sprachlichen Bezeichnung; das veraltete Wort „lästern“ wurde gewählt, dem Sprachgebrauche besser entsprechend als der juristischen Logik, weil man sich denn doch schämte, eine „Beleidigung“ Gottes von Menschen bestrafen zu lassen. Nun ist aber Gottesleugnung nicht Beleidigung irgendeines Gottes, sowie die Leugnung der Existenz von Hexen unmöglich eine Begünstigung der Hexerei gewesen sein konnte. Einst wurde aber Unglaube an die Hexen, Unglaube an den Teufel ebenso bestraft wie jede andere Ketzerei. Damals hätte die Behauptung einer Allmacht Gottes als Teufelslästerung, die Behauptung einer ähnlichen Allmacht des Teufels als Gotteslästerung bestraft werden müssen. Orthodoxe Geistliche werden dieser Paradoxie nicht widersprechen können.

Unserem Empfinden kann es nicht mehr darauf ankommen, daß der Gottesbegriff vor Beleidigungen geschützt werde, sondern nur noch darauf, daß das empfindliche Gefühl der Gläubigen geschont werde. Die sogenannte Gotteslästerung wäre nur dann noch zu bestrafen, wenn der Tatbestand eines groben Unfugs vorläge. Dann aber müßte die mittelalterliche Höhe der Strafe von selbst wegfallen. Man bestraft einen groben Unfug nicht mit vielen Jahren Zuchthaus.

* * *

Der völligen Trennung von Kirche und Recht muß eine tiefgründende Aufklärung über die Begriffe Religion und Kirche, Recht und Sitte, Mensch und Gott, Strafe und Reue vorausgehen; diese aufklärende Vorarbeit kann nur von der Kritik der Sprache geleistet werden.

Die Verneinung des Strafrechts.

Von Dr. E. Zürcher, ord. Professor an der Universität Zürich.

Die Frage der Zukunft des Strafrechts, hat ein solches überhaupt noch eine Berechtigung und, vorkommendenfalls, wie ist es im Sinne der Neuzeit weiter auszubauen, mußte ich in einer kleinen, in der Schweizerischen Zeitschrift für Strafrecht XXXII (1919) Seite 195 veröffentlichten Arbeit „Die Verneinung des Strafrechts" nach den wesentlichsten Richtungen behandeln und ich halte deshalb dafür, daß es am richtigsten ist, hier einfach den Schluß jener Arbeit mit wenigen Zusätzen wiederzugeben.

Nur zum Verständnis des Folgenden sei bemerkt, daß wir uns mit drei Vertretern der gänzlichen Verneinung des Strafrechts befaßt haben:

Tolstoi, dessen Auffassung am kürzesten Goldanweiser durch die Überschrift einer Besprechung der Leitmotive in Tolstois „Auferstehung": — das Verbrechen als Strafe (der Gesellschaft), die Strafe als Verbrechen — gekennzeichnet hat. Ihr sollt dem Bösen nicht widerstehen, ist die evangelische Mahnung, das Böse durch Sanftmut und Nachgeben zu entwaffnen.

Turati, der jedes Verbrechen auf den wirtschaftlichen Faktor zurückführt und dessen gewiß ist, daß mit dem Verschwinden der Ungerechtigkeiten der heutigen Wirtschaftsordnung auch alles Verbrechen verschwinden werde; eine Auffassung, der schon Enrico Ferri mit überzeugenden Nachweisen entgegengetreten ist.

Nochmals ist in aller Schärfe die sozialistisch-anarchistische Theorie zum Ausdruck gebracht worden in einer Berner Dissertation (1909) von S. Ettinger, der sagt: Es gibt zwei Arten der Auflehnung gegen die bestehende soziale Ordnung, die Revolution und das Verbrechen. Das Verbrechen, dem Täter allerdings meist unbewußt, ist also nicht selber eine Krankheit, sondern nur das Symptom einer solchen am sozialen Körper und es ist daher höchst unvernünftig und schädlich, das Verbrechen, diesen Warner der Menschheit, unterdrücken zu wollen.

Gegen diese kurz geschilderten Anschauungen wenden sich nun die noch folgenden Betrachtungen:

Wir werden vorerst die wirklichen Verneinungen des Strafrechts im Sinne der moralisierenden Postulate Tolstois ebensosehr wie die sozialistische These Turatis und ganz besonders die von Ettinger dargelegte Theorie des entschiedensten ablehnen. Sie beruhen auf ganz einseitigen und daher unkritischen und unwissenschaftlichen Grundlagen und ziehen verderbliche Folgen nach sich. Unwissenschaftlich und unvollständig ist die Klassifikation der Verbrechen bei Tolstoi, unzureichend sein Schutz der Kulturgüter der Menschheit gegen die Zerstörung durch das Verbrechen. Gerade der Vergleich mit der Entwicklung der Behandlung der Geisteskranken, die von den rohen Teufelsaustreibungen über die Heilbehandlung in Anstalten zur Familienbehandlung führte, zeigt dies. Neben der letztern muß für eine Großzahl, vielleicht sogar für die Mehrzahl der Fälle die Absonderung in geschlossenen Anstalten beibehalten bleiben, wenn nicht die Geistesgesunden geradezu zu Dienern und Sklaven des Geisteskranken gemacht werden sollen. Bei Turati dieselbe Einseitigkeit in der Ätiologie des Verbrechens, wie schon Ferri glänzend nachgewiesen; bei Ettinger eine ganz schiefe Auffassung des Wesens des Verbrechertums, das nicht bloß Symptom ist, sondern die Krankheit selber, die je nach der Konstitution des sozialen Körpers ihre Form wechselt, aber im Grunde dieselbe bleibt, selbstsüchtiges Schmarotzertum, das da ernten will, wo es nicht gesäet hat; dem Altruismus und soziales Denken fremde Begriffe sind. Man denke sich nur das Wirken des Wucherers und des Hochstaplers als bewußte oder unbewußte Auflehnung gegen die bestehende Gesellschaftsordnung! Und gefährlich ist diese Auffassung, weil sie die moralische Widerstandskraft gerade der Schwachen und deshalb moralisch Gefährdeten noch vollends bricht.

Wir würden uns allerdings derselben gerügten Einseitigkeit schuldig machen, wenn wir nicht zugeben wollten, daß es auch große Konflikte des Lebens, etwa des politischen, geben kann, in denen der Bruch mit dem bestehenden Rechte eine Tat sein kann und das Symptom einer im Grunde guten und edlen Gesinnung. Der Gesetzgeber wird sich zur Aufgabe machen, soweit möglich den Richter in die Lage zu versetzen, im vorkommenden Falle die Härten zu mildern, die sich daraus ergeben könnten. Aber da handelt es sich um seltene Fälle und seltene Menschen.

Wir wollen weiter zugeben, daß auch in den als Ganzes zu bekämpfenden extremsten Richtungen irgendwelche beachtenswerten Wahrheiten stecken. Das Mitleid mit den Gefallenen wird uns oft ein besserer Führer sein und uns eher den rechten Weg finden lassen als wenn wir uns nur von Gefühlen des Hasses leiten lassen. Und der sozialistischen These ist insoweit recht zu geben, daß vielfach das wirtschaftliche Elend Hand in Hand geht mit moralischem Elend und Verkommenheit — wobei wir immerhin betonen, daß manchmal zweifelhaft ist, was Ursache und was Wirkung war — und daß die Hebung sozialen Elends auch der moralischen Sanierung die Wege ebnet.

Damit sind wir auf dem Boden der langsam aber stetig und nachhaltig wirkenden Reform des Strafrechtes gelangt, auf dem wir uns mit den Kämpfern für Sozialreform nach vielen Richtungen verständigen können. Diese Verständigung ist ja schon da. Wenn wir die Postulate dieser Kämpfer betrachten: Reform der Geldstrafe, tunlichste Beseitigung der kurzen Freiheitsstrafe, Erziehungsprinzip bei den Kindern und Jugendlichen, Erprobungssystem, Arbeitstherapie in den Gefängnisanstalten, aber auch kraftvolle Durchführung des Gesellschaftsschutzes gegenüber dem Schmarotzertum des Gewohnheitsverbrechens, so sind das alles Zielpunkte, nach denen insbesondere auch der schweizerische Entwurf orientiert ist. Der Schutz der ehrlichen Arbeit gegen Ausbeutung und Raub jeder Art einerseits und der Arbeitszwang durch Bekämpfung von Müßiggang und Liederlichkeit anderseits liegen sogar schon in den bestehenden Gesetzgebungen; wir brauchen diese schönen Ideen nur noch weiter auszubauen.

Die Zukunft gehöre nicht der Verneinung, sondern dem Ausbau des Strafrechtes. Es soll sich ein- und unterordnen in das System der Gesamtheit der Bestrebungen, die gerichtet sind auf die fortschreitende Hebung und Veredlung der

Lebenshaltung der Menschen. In dieser alle Einzelbestimmungen zusammenfassenden Zweckrichtung des Strafrechts werden wir dann auch jene Einheitlichkeit wieder finden, die dem Vergeltungsstrafrecht der vergangenen Zeiten zweifelsohne innewohnte und seinem Aufbau den Stempel einer klassischen Ruhe und Ausgeglichenheit verlieh, indes sie der theoretische Beschauer und vielleicht auch der philosophische Denker an dem scheinbar nach den verschiedensten Richtungen auseinanderstrebenden Reformstrafrecht vermißte. Diese Einheit herzustellen oder herauszuarbeiten bietet gewisse Schwierigkeiten, ist aber um so notwendiger, als in der Tat gerade die negierenden Theorien einen praktischen Dualismus aufgedeckt haben, Gesellschaftsschutz und Rettungswerk an den gesunkenen Volksgenossen, ein Dualismus, der mit dem auch hier schon gebrauchten Bilde des Januskopfes nicht überwunden ist.

Vielleicht aber ist diese Einheit schon gefunden in der Theorie der Schule Lombroso-Ferri, mit den Mitteln des Strafrechts einzugreifen in den Kampf des rücksichtslosen Egoismus gegen den Altruismus, wie er von der jeweiligen Kulturstufe gefordert wird, und diesen Altruismus zu stärken durch die Auslese; Förderung der Anpassung des noch Anpassungsfähigen an die Moralerfordernisse der Gesellschaft und Ausschluß des Anpassungsunfähigen aus derselben, insbesondere auch Ausschluß von der Fortpflanzungsmöglichkeit.

So verleihen wir zugleich dem Strafrecht eine über den Schutz der bestehenden Rechtsordnung weit hinausgehende Bedeutung. Nicht eine irgendwie gestaltete Reform der Gesellschaftsordnung vermag die endliche Auflösung jeden Strafrechts herbeizuführen, sondern erst der Tag, an dem alle Menschen gut geworden sein werden. Ein schönes Ziel, von dem wir uns wohl stets in einem gewissen Abstand halten werden.

Humane oder humanitäre Justiz?

Von H. v. Beaulieu (Hannover).

Wenn im Altertum ein Verbrecher auf der Flucht vor den Häschern den Tempel eines Gottes erreichte, so war er gerettet, denn hier machte die Justiz ehrfurchtsvoll halt; die gütige Macht, die den modernen Verbrecher vor Strafe schützt, ist der Psychiater, und der Tempel, in dem ihr niemand etwas anhaben kann, ist das Pathologische. Weichherzige Menschen frohlocken, daß wir so human geworden und meinen, daß wir auf dem eingeschlagenen Wege noch viel weiter fortschreiten sollten, denn „eigentlich könnten Menschen doch gar nicht dafür, wenn sie mit gefährlichen Eigenschaften geboren, und die Verhältnisse deren Entwicklung begünstigt hätten. Es sei doch eine schreckliche Ungerechtigkeit, daß der eine mit dem Triebe zum Guten geboren sei, es also leicht hätte, recht zu handeln, der andere dagegen voll schlimmer Triebe, die ihm Strafe zuzögen. Man habe nicht das Recht, Menschen zu strafen, die nur dem Zwange ihrer angeborenen Natur folgten."

Vielleicht tun sie's wirklich. Die menschliche Willensfreiheit ist ein schwieriges und strittiges Kapitel. Die tiefste Philosophie erklärt den Menschen für unfrei in seinen Einzelhandlungen, aber sie sieht eine Schuld in seinem Sosein überhaupt. Der sich inkarnierende Wille zieht eben durch diese Inkarnation Schuld auf sich. Es ist keine Schuld des Wolfes, daß er ein Schaf zerreißt, aber es ist eine Schuld, ein Wolf zu sein. Die Justiz jedoch hat es grade mit dem zerrissenen Schaf zu tun und kann die Entschuldigung nicht gelten lassen, daß man nun eben ein Wolf sei. Sie hat die Gesellschaft vor den Wölfen zu schützen, und tut es auch — soweit der Psychiater sich ihrer nicht schützend annimmt.

Diese Rettungen sind sehr populär, denn ein bischen naturwissenschaftlich angeflogen sind wir ja alle. Es geht ein Aufatmen durch den „aufgeklärten" Teil des Publikums wenn der Psychiater erklärt, daß ein Mord im „Dämmerzustande" begangen sei, und man wischt sich die Augen, wenn der Verteidiger mit ergriffener Stimme einen trunksüchtigen Vater oder einen epileptischen Onkel ins Treffen führt. Die Verbrecher sind auch schon gebildet genug, sich auf „erbliche Belastung" zu berufen.

Mit der erblichen Belastung haben sie wahrscheinlich recht. Wir sind alle erblich belastet durch Vater und Mutter, keiner von uns ist fertig vom Himmel gefallen. Das „Unter seelischem Zwange Handeln" kann man einfach auf jede Handlung, verbrecherisch oder nicht, ausdehnen. Jede Handlung verläuft in der Richtung des geringsten Widerstandes, oder anders herum, von zwei Impulsen siegt allemal der stärkere. Wir wissen, daß das Verbrechen, wie jede Handlung, ein Produkt ist aus natürlicher Anlage und Erziehung, oder Milieu, oder wie man die Einwirkungen von außen nennen will. Der Schluß, daß der Verbrecher „nicht dafür“ könne, hat deshalb für einfache Geister etwas blendend Einleuchtendes. Physiologisch angesehen kann er wirklich nicht dafür, daß Erregungen im Zentralnervensystem in dieser oder jener Reihe ablaufen.

Würde die Vererbungs- und Milieutheorie ganz konsequent angewendet, so wäre es mit der Justiz überhaupt ganz aus, und man brauchte nur noch Sanatorien. So konsequent ist man aber — zum Leidwesen der Humanitären — nicht, man nimmt so im großen und ganzen noch an, daß der Mensch für seine Handlungen einzustehen, daß er die Freiheit habe, zwischen Recht und Unrecht zu wählen. Der Philosoph, der es mit dem Weltganzen, der Physiologe, der es mit dem Menschen als körperliche Erscheinung zu tun hat, mögen — ganz mit Recht — die Willensfreiheit negieren; der Gesetzgeber, der es mit dem Menschen als sozialen Wesen zu tun hat, muß sie voraussetzen.

Ja, wenn der Mensch nun aber wirklich „nicht dafür kann“? — Und wir strafen lauter Unschuldige?

Das wäre allerdings unerträglich für unser „soziales Gewissen“, wenn nicht eine ethische Stimme in uns laut und überzeugt spräche: Und Schlechtigkeit ist dennoch Schuld.

Die tiefste und schwerste Philosophie berührt sich da mit dem unverbildeten natürlichen Empfinden, das nichts wissen will vom „Nichtdafürkönnen“, das den Menschen um seines Charakters willen liebt oder verabscheut, grade als ob es Schuld oder Verdienst wäre, gut oder schlecht zu sein. Es haßt und verabscheut den Wolf oder die Giftschlange, die naturwissenschaftlich angesehen natürlich nicht im mindesten dafür können, daß sie beißen und Gift spritzen. Es haßt und verabscheut den Lustmörder, trotz aller Sympathien, die das gebildete Publikum für ihn hat.

Wenn ein Mord geschieht, ist ja allemal das Interesse für den Mörder größer als für den Gemordeten. Der Mörder ist ja auch eine bemerkenswertere Persönlichkeit als das zufällige, passive Opfer. Es reizt, sich die Frage vorzulegen: Was mag in seiner Seele vorgegangen sein, ehe er die Tat beging, als er sie begangen hatte? Wir haben alle Raskolnikow atemlos verschlungen und Eugen Aram. Denn das unheimlich-spannendste von allen Problemen ist wohl dieses. Wie kann ein ursprünglich weicher, guter Mensch zum Mörder werden? Und wer wäre so pharisäisch, daß er nicht mit Schauder erkennt: Tua res agitur! Denn in jedem von uns stecken dunkle, unheimliche Möglichkeiten. Aber sehr viel mehr Sympathien erhält leider der „anormale“ Verbrecher. Morden, weil man am Verhungern war, weil man die Quälereien eines andern nicht mehr auskalten konnte, weil man die Gesellschaft von einem Scheusal befreien wollte — wie langweilig, wie brav, wie bürgerlich! Aber morden aus perversem Sexualtriebe —, wie interessant, des Verständnisses der feinsten Geister gewiß! Dazu kommt der Nimbus der Wissenschaftlichkeit: ein Kleptomane, ein Sadist — inniges Mitgefühl, ja, sogar schaudernde Hochachtung wird diesen Pathelogischen gezollt. Daß etwas „pathologisch“ sei, ist heute ja kleine Münze im Gespräch; Wort für den Hausgebrauch; wenn der Mann mit den Türen wirft, die Frau launt, das Kind schreit, die Magd lügt — es ist alles „pathologisch“. Das Pathologische ist eins der übelsten Schlagworte, die unheilstiftend, morralverwirrend die Hirne der Halbgebildeten umnebelt haben; die Forderungen einer reinen und strengen Geistigkeit haben sich zu beugen vor einem verschwommenen „Menschlichkeits“begriff, der alles hätschelt, was minderwertig schwächlich, pervers ist auf Kosten der Besseren. Die natürliche Auslese wird gradezu auf den Kopf gestellt. Der wertvolle Mensch, der der Versuchung einer schwachen Stunde erliegt, bekommt die ganze Strenge des Gesetzes zu kosten, der tierischen — oder richtiger teuflischen — Trieben hemmungslos Folgende wird geschont, entschuldigt, und kann frohlocken:

Uns tut niemand was zuleide,
Weil wir pathologisch sind.

Aber der Kranke, der Anormale verdient doch unser Mitleid? fragen die Humanitären. Gewiß. Aber verdient der Normale, der Tüchtige, der sich in einem schwachen Augenblick in Schuld und Strafe verstrickt, nicht noch mehr unser Mitleid? Man kann volles menschliches Mitleid mit einem Verbrecher haben (das die Naiven schreckende Wort „Verbrecher“ bezeichnet doch oft nur den, der sich in den Gesetzesmaschen verfangen hat, nicht den schlechteren Menschen) und dennoch seine Bestrafung gutheißen. Der Kranke, d. h. geistig so Beschränkte oder Verwirrte, daß er nicht für seine Taten einstehen kann, gehört ins Irren- und nicht ins Zuchthaus; aber das natürliche Gefühl empört sich dagegen, daß ein Mensch für pathologisch, d. h. sakrosankt erklärt wird, in dem Augenblick, wo er mit dem Strafgesetz zusammenstößt, wenn er bisher alle Rechte und Ehren der Normalen genossen, und wenn er bei der Ausführung seiner Verbrechen eine hohe Intelligenz entwickelt hat. Diesem sollte man das Recht auf Strafe nicht aberkennen. Oder man könnte ihm die Wahl lassen zwischen abgeurteilt werden als zurechnungsfähig — oder lebenslängliches Irrenhaus als „Kranker".

Das Rückgrat jeder Moral ist das Verantwortlichkeitsgefühl. Dieses Rückgrat ist schon schwach genug; wir schwächen es immer noch mehr, wenn wir das Verbrechen offiziell zur Krankheit erheben (das es, medizinisch angeschaut, vielleicht wirklich ist). Leider aber gilt die Moral aber nicht viel in einer Zeit, die zwar den Materialismus überwunden zu haben vorgibt, aber jede menschliche Handlung als den Ausfluß guter oder schlechter Nerven ansieht. Jede Verantwortung wird damit auf den großen Unbekannten abgeschoben.

Die Sache ist die: Schlechte Nerven haben wir alle; übermäßige Reizbarkeit, Hysterie, Psychosen sind das Gemeingut der gebildeten Menschheit; deshalb haben wir auch soviel Verständnis für die kriminell Nervösen. Ob nicht zutiefst in unserm Mitgefühl für die Pathologischen und dem Ruf nach Schonung der Kranken das dunkle Gefühl steckt, uns günstige Umstände schaffen zu wollen — für alle Fälle! Wir sind gegen uns selber zu weich, deshalb sind wir auch zu weich gegen andere. Wir müssen etwas härter werden, weniger verschwommen-humanitär, mehr human in einem höheren ethischen Sinne.

Wenn man sich für eine unpopuläre, der Zeittendenz zuwiderlaufende Ansicht einsetzt, muß man sich Eideshelfer von Ansehen suchen. Goethe warnt vor der Zeit, wo „einer nur noch der humane Krankenwärter des andern sein werde". Er klagt seine Zeit der Schwäche und übertriebenen Liberalität gegen die Verbrecher an. In demselben Gespräch (bei Eckermann, 19. Febr. 1831) wird weiter erörtert, daß man auch betreffs der Zurechnungsfähigkeit der Verbrecher anfange weich und schlaff zu werden, und das ärztliche Gutachten nur zu oft dahin gingen, den Verbrecher an der verwirkten Strafe vorbeizuhelfen.

Man muß sich gewaltsam besinnen, daß diese Unterhaltung vor beinahe hundert Jahren geführt wurde.

Das Unrecht des § 175.

Von Sanitätsrat Dr. Magnus Hirschfeld (Berlin).

Dem Ersuchen, mich in der Sammlung von Äußerungen über „Die Zukunft des Strafrechts" über das spezielle Gebiet des § 175 RStGB. auszulassen, komme ich um so eher nach, als die Stellungnahme von Moral und Gesetz auf diesem Gebiete einen Kulturfaktor von allgemeiner Bedeutung darstellt, von vitalem Interesse für einen erheblichen Bruchteil der Allgemeinheit ist und auch symptomatische Bedeutung für die Geistesbeschaffenheit und Urteilsweise der Zeit hat.

Schon seit Jahrzehnten habe ich das bisher fast ganz unbekannte Gebiet der Homosexualität zu erforschen mich bemüht und bereits im Jahre 1897 eine Petition an die gesetzgebenden Körperschaften des Deutschen Reiches ausgearbeitet, welche die Aufhebung des § 175 zum Ziel hatte und mit etwa 6000 Unterschriften aus den Kreisen der Gelehrten, Richter, Ärzte (mehr als 3000), Geistlichen, Schullehrer, Schriftsteller und Künstler versehen war.

Auch jetzt noch stehe ich auf dem Standpunkt, daß dieser unselige Paragraph, an dem so viel Blut und Tränen kleben, möglichst bald aus dem deutschen Strafgesetzbuch entfernt werden muß.

Für die Abschaffung des § 175 spricht:

I. Zunächst der Umstand, daß die geschlechtlichen Akte, welche erwachsene Männer freiwillig unter sich ohne Zeugen vornehmen, kein Rechtsgut irgendeines andern Individuums oder des Staates verletzen. Es widerspricht den modernen Rechtsprinzipien, Handlungen nur darum zu bestrafen, weil sie „unsittlich" sind.

Da es ferner im letzten Grunde nichts weiter als Gefühle der Antipathie sind, auf welche früher sowie auch jetzt noch die Gesetze gegen die Homosexuellen zurückzuführen sind, so darf man sich auch nicht auf das Volksempfinden zwecks Bestrafung homosexueller Handlungen berufen. Denn es ist hinsichtlich des Volksempfindens zu berücksichtigen, daß es in hohem Maße von den Strafbestimmungen selbst und den Maßnahmen der Staatsanwaltschaft beeinflußt wird. Gerade die Moralwissenschaft weist darauf hin, daß die subjektiven Anschauungen der Allgemeinheit nicht nur oft auf irrigen Annahmen beruhen, sondern auch sehr wandelbar sind; erst der Unzulänglichkeit dieser

Anschauungen — so führt Paulsen in seinem System der Ethik aus — danken Ethik und Recht ihre Entstehung und Notwendigkeit.

Tatsächlich entsprachen auch die Hexenprozesse, die Verfolgungen Andersgläubiger, die als Ketzer gebrandmarkt wurden, stets den Volksinstinkten ihrer Zeit und wurden erst durch mühselige Verbreitung der Wahrheit in Verbindung mit gesetzgeberischen Reformen überwunden.

Übrigens wird vielfach, namentlich von den Homosexuellen selbst, behauptet, daß das Volksempfinden ihnen gegenüber überhaupt nicht so rigoros sei, wie angenommen werde; daß das einfache Volk sie viel eher mit harmlosem Spott als mit eiferndem Haß und Hohn betrachte. Aber selbst wenn das letztere tatsächlich der Fall wäre, so können diese Gefühle doch keinen ausschlaggebenden Rechtsgrund bilden, besonders wenn man bedenkt, daß es sich um sexuelle Dinge handelt, in denen die Kontrainstinkte an und für sich sehr subjektiv sind. Die Erfahrung zeigt, daß gerade im Geschlechtsleben dasjenige, was den eigenen Neigungen entgegengesetzt und unbegreiflich ist, meist instinktive Gefühle des Ekels und der Unlust auslöst, die man nur zu leicht zu verallgemeinern sucht, ganz abgesehen davon, daß man sich von der Betätigung der fremden unverständlichen Neigung die übertriebensten, schwärzesten Vorstellungen macht. Auch der Strafrechtslehrer Mittermaier sagt mit vollem Recht[1]): „Der Grund, daß die Handlungen des § 175 das Volksgefühl empören, kann heute nicht mehr für die Strafbarkeit genügen."

II. Die außerordentlich schwierige Vollstreckbarkeit des Gesetzes.

Man hat berechnet, daß die 18 Fälle, welche durchschnittlich im Jahre in Berlin zur Bestrafung gelangen, hochgerechnet nur etwa 0,001 der mit Wahrscheinlichkeit anzunehmenden sexuellen Delikte darstellen, so daß in Wirklichkeit viel weniger die Tat als solche, als irgendein ganz außergewöhnlicher Zufall bestraft wird, der mit ihr verbunden ist.

III. Die ungemein geringe Abschreckungskraft des Gesetzes.

Denn zieht man den der Handlung von Natur aus innewohnenden diskreten Charakter in Betracht, ferner, daß die beiden Täter die Tat unter sich, für sich und an sich vornehmen, ohne die Rechte Dritter anzutasten, so ist es

---

[1]) Mittermaier, Verbrechen und Vergehen wider die Sittlichkeit, S. 151.

ganz klar, daß das Risiko, welches jemand bei der Begehung der strafbaren Handlung läuft, viel zu gering ist, als daß er sich dadurch zurückschrecken ließe. Sind es doch nur immer ganz außerordentliche Nebenumstände, welche meist durch andere strafbare Handlungen bedingt sind, daß eine Tat nach § 175 aus dem Dunkel der Nacht in die Helle des Tages, aus der Stille des Schlafzimmers in die Öffentlichkeit des Gerichtssaals gezerrt wird.

IV. Die große Unbestimmtheit und Unbestimmbarkeit des strafbaren Tatbestandes.

Der § 175 ist so unklar gefaßt, daß selbst unter den Juristen völlige Meinungsverschiedenheit besteht, was unter ihn fällt. Nach reichsgerichtlicher Entscheidung fallen darunter auch Umschlingungen, Friktionen, sogar Berührungen der Körper, wogegen gegenseitige Onanie von Männern miteinander nicht Unzucht im Sinne des Gesetzes ist.

Es ist historisch festgestellt, daß die Gesetzgeber, welche den Begriff der „widernatürlichen Unzucht" einführten, ursprünglich nur an den coitus analis dachten und diesen treffen wollten. Der Grund ihrer unbestimmten Ausdrucksweise war offenbar nur Rücksichtnahme auf die Schamhaftigkeit der Zeitgenossen, dieselbe Gêne, wegen derer in alten Schriften die in Frage kommende Handlung in ihrer Bezeichnung fast stets umgangen und einfach als ein Akt bezeichnet wird, dessen bloße Namennennung unmöglich sei.

V. Die Peinlichkeit der das intimste Privatleben durchwühlenden Untersuchungen.

„Die Vermeidung der schmutzigen und skandalösen Untersuchungen, welche so häufig das Familienleben durchwühlen und erst recht Ärgernis geben", war in Frankreich im Jahre 1791 mitbestimmend für die Aufhebung der betreffenden Gesetzesbestimmung. Es ist ja auch klar, daß infolge des gerichtlichen Einschreitens Tausende von Mädchen und Jünglingen mit der Existenz von Dingen bekannt werden, die ihnen bis dahin fremd gewesen waren. Schon der alte Rechtsgelehrte Cella[1]) sagte: „Soweit überhaupt einzuschreiten ist gegen die verschiedenen Arten von Fleischesvergehen wider die Natur, muß dies mit doppelter Vorsicht geschehen, damit durch die Nachforschungen nicht erst das Ärgernis veranlaßt wird, dem man steuern will", und an anderer Stelle: „Wehe der Polizei, die, um jeden Ausbruch der Unkeuschheit zu er-

---

[1]) Cella, Über Verbrechen und Strafe, S. 38 u. 39.

fahren, Eltern, Kinder und Gesinde zu Spionen macht und den Samen der Verräterei und des Mißtrauens in den Schoß der Familie streut."

VI. Die durch das Gesetz und die öffentlichen Prozesse weit mehr als durch die geheimen Handlungen hervorgerufenen Skandale, die das Land kompromittieren und die öffentliche Erörterung dieser heiklen Materie nicht zur Ruhe kommen lassen.

VII. Die Entwurzelung und Verbitterung zahlreicher, sonst streng rechtlicher, geistig vielfach hochstehender und sozial nützlicher Existenzen durch Aufdeckung der intimen Geheimnisse ihres Sexuallebens, wodurch sie meistens gezwungen werden, Amt und Stellung aufzugeben oder gar ihr Vaterland zu verlassen und in der Fremde ihr Leben zu beschließen.

VIII. Die überaus große Zahl der unmittelbar an das Gesetz sich anschließenden Erpressungen und Eigentumsvergehen, die aus Furcht vor dem Gesetz nicht zur Anzeige gelangen, während in Ländern, die keine dem § 175 entsprechenden Gesetze haben, die Erpressungen auch nicht im entferntesten so häufig sind wie bei uns.

IX. Die außerordentlich große Zahl der durch den Paragraphen bewirkten Selbstmorde.

X. Die durch das Gesetz direkt und indirekt geförderte Vermehrung von unglücklichen Ehen und Familienzusammenbrüchen.

Sicherlich wirkt es auf das Familienleben zerrüttend, wenn ein verheirateter Mann seine Gattin im Stich läßt, um sich gleichgeschlechtlichen Beziehungen hinzugeben; wäre es aber nicht viel besser, wenn jemand, der diese Neigungen hat, überhaupt nicht erst eine Familie gegründet hätte? Denn der Homosexuelle ist gar nicht für Ehe und Zeugung geschaffen. Darum nicht durch Ausübung homosexueller Akte, sondern durch Eheschließung und Zeugung ruft er die Gefahr einer Schädigung der Staatsordnung hervor, indem die Gefahr besteht, daß die Ehe für beide Ehegatten und auch für den Staat, besonders durch etwaige Zeugung anormaler Nachkommen, eine Quelle des Unglücks wird.

Wenn von den Verfechtern des Paragraphen das öffentliche Staatsinteresse ins Feld geführt wird, dann sollte man doch auch gerechterweise nicht nur die Schäden untersuchen, welche durch die Aufhebung der Strafverfolgung möglicherweise dem Staate zugefügt werden können — tatsächlich aber in keinem Lande, wo man den Paragraphen fallen ließ, eingetreten sind —, sondern auch die oben aufgeführten Schäden prüfen, welche der Staat durch das Bestehen des Gesetzes erleidet.

Entsprechen denn diese Strafprozesse, die in Ländern, wo der Paragraph nicht existiert, gar nicht denkbar sind, dem Staatsinteresse? Haben sie dazu gedient, das Ansehen Deutschlands zu erhöhen? Entspricht es dem Staatsinteresse, daß durch diese Strafandrohungen Hunderte oft sehr wertvoller Staatsbürger in Länder getrieben werden, wo solche Gesetze nicht mehr bestehen, daß man, indem man ihnen die Heimat nimmt, auch zugleich dem Vaterlande schätzbare Kräfte und, da es sich durchaus nicht immer um unbemittelte Personen handelt, auch sehr beträchtliche finanzielle Mittel entzieht? Entspricht es wirklich dem Staatsinteresse, wenn ein Gesetz, das noch keinen Homosexuellen von seinem Triebe befreit hat, die Ursache ist, daß viele an sich brave Staatsbürger fortgesetzt in Verzweiflung und Tod getrieben werden — selbst wenn nur ein Tag Gefängnis (nach dem bisherigen Gesetz das niedrigste Strafmaß für diese Handlungen) festgesetzt oder selbst, wenn nur eine Voruntersuchung eingeleitet wird? Entspricht es dem Staatsinteresse, daß Leute aus Ämtern und Stellungen, in denen sie sich tadellos geführt haben, gejagt werden, indem man sich in ihre intimsten Sexualangelegenheiten mischt? Entspricht es dem Staatsinteresse, daß man nützliche Staatsbürger durch Gesetze, die sie unschuldig vor ihrem Gewissen zu Verbrechern stempeln, nach und nach zu mehr oder minder erbitterten Feinden des Staates und seiner Rechtsordnung macht und auch der Kirche entfremdet, bei der sie vergeblich Verständnis für ihre Leiden suchen? Entspricht es dem Staatsinteresse, daß Menschen durch ihre Veranlagung oft aus Gründen, die dem sittlichen Charakter der Ehe durchaus nicht Rechnung tragen, zu Heiraten veranlaßt werden, durch die sie noch eine zweite Person und, falls sie zeugungsfähig sind, auch noch ihre Kinder unglücklich machen? Wir meinen, alles das sind auch starke Schädigungen des Staatsinteresses, die man, das pro und contra abwägend, nicht außer Beachtung stellen sollte.

Man prüfe doch auch, welche Wirkung die Beseitigung der entsprechenden Strafbestimmung in andern Ländern gehabt hat. „Nicht bloß in Frankreich, sondern auch in Italien, Belgien, Holland, Luxemburg“, schreibt v. Krafft-Ebing[1]),

[1]) R. Freiherr von Krafft-Ebing, Der Konträrsexuale vor dem Strafrichter. Eine Denkschrift. II. Aufl. Leipsig u. Wien 1895. S. 27.

„hat man seit Jahrzehnten aufgehört, die widernatürliche Unzucht zu verfolgen. Tatsächlich hat sich nirgend in diesen Ländern ein Ruf nach Wiedereinführung der Bestrafung widernatürlicher Unzucht hören lassen. Das läßt doch darauf schließen, daß von einem sittlichen und physischen Niedergange der erwähnten Kulturstaaten nichts zu bemerken ist.“

Auch Bayern, Württemberg und Hannover hatten den Urningsparagraphen abgeschafft, und erst, als durch die Ereignisse des Jahres 1866 eine legislative Einigung des größten Teils von Deutschland unter preußischer Führung erzielt wurde, ward 1870 die Strafbestimmung, und zwar lediglich im Interesse der Rechtseinheit und auch nur mit einer Stimme Mehrheit, in das Strafgesetzbuch des Norddeutschen Bundes aufgenommen und ging nachher in das deutsche Reichsstrafgesetzbuch über, wo der Paragraph als der vielgenannte § 175 nun schon wieder ein halbes Jahrhundert sein unheilvolles Dasein fristet. Und dabei hatte eine 56jährige Praxis in Bayern, eine 30jährige in Württemberg, eine 26jährige in Hannover zur Evidenz erwiesen, daß der Fortfall dieser Bestimmungen, für deren Wiedereinführung sich nirgend ein Bedürfnis geltend gemacht hatte, in keiner Weise entsittlichende oder sonst ungünstige Folgen gezeitigt hat.

Auch Elsaß-Lothringen hatte bis zur Einverleibung in das Deutsche Reich den Urningsparagraphen nicht mehr gekannt, der nun, solange Elsaß-Lothringen zu Deutschland gehörte, als Damoklesschwert auch über den Homosexuellen der Reichslande hing. Es ist uns bekannt, daß eine ganze Reihe elsässischer Homosexueller den Anschluß an Frankreich hauptsächlich aus dem Grunde wünschten, weil sie dadurch aus dem Zustand persönlicher Rechtlosigkeit befreit zu werden hofften. Seit Dezember 1919 ist nun das französische Strafgesetz in Elsaß-Lothringen eingeführt und dadurch, wie uns ein Elsässer schrieb, „das Widernatürliche wieder natürlich geworden“.

Hierbei sei noch erwähnt, daß außer der wissenschaftlichen Deputation für das Medizinalwesen Preußens und den Unterzeichnern der oben genannten Petition, sowie hervorragenden Psychiatern und Sexualforschern, wie Westphal, v. Krafft-Ebing, Näcke, Albert Eulenburg, Leppmann, und bedeutenden Strafrechtslehrern, wie Wachenfeld, Mittermaier, Laband, v. Liszt, auch ausgezeichnete Männer der Praxis, wie Staatsanwalt Dr. Wulffen, der verstorbene Polizeidirektor v. Meerscheidt-Hüllessem, der Kriminalinspektor v. Treskow und der Kriminalkommissar Dr. Heinrich Kopp die mitten aus dem pulsierenden Leben heraus ihre Beobachtungen in dieser Frage schöpften, mit aller Entschiedenheit sich für die Abschaffung des § 175 ausgesprochen haben, da er nichts nütze, sondern nur unsäglichen Schaden stifte.

Was die Gefahr der Verführung betrifft, auf welche die Gegner der Aufhebung des § 175 des öfteren hinweisen, so ist unbedingt zuzugeben, daß normalsexuelle Menschen sich gelegentlich homosexuell betätigen. Es ist aber völlig unrichtig anzunehmen, daß sie dadurch homosexuell werden, da die Homosexualität, wie gegenwärtig von fast allen Sexualforschern anerkannt wird, angeboren ist und nicht erworben werden kann. Die Handlung also, welche Normalsexuelle mit einem Homosexuellen vornehmen, ist in solchen Fällen der Onanie gleichzustellen und auch als solche zu beurteilen. Sobald die Gelegenheit vorhanden ist, wird stets der ihnen eigentümlichen Art der Betätigung der Vorzug gegeben. Es ließen sich viele Beispiele dafür anführen, daß junge Männer und Mädchen, die zeitweilig zwischen dem 16. und 21. Jahre homosexuell verkehrten, sich später vollkommen normalsexuell verhielten. Um nur ein bekannteres, aber sehr typisches Beispiel anzuführen, sei etwa auf den Zeugen im Eulenburg-Prozeß, den Fischer Ernst verwiesen, der beschwor, daß im Jünglingsalter mit ihm homosexuelle Handlungen vorgenommen seien, und der dennoch völlig heterosexuell geblieben ist. Im allgemeinen ist das, was über Nachstellungen und Verführungsversuche Homosexueller mitgeteilt wird, weit übertrieben. Meist wagt der Homosexuelle nur, wo Entgegenkommen gezeigt wird, eine Annäherung. Von verschwindenden Ausnahmen abgesehen, strebt, wie jede sexuelle Neigung, auch die gleichgeschlechtliche nach Erwiderung. Sie verweist dadurch in der Mehrzahl der Fälle die Homosexuellen aufeinander, und es kann in allen solchen Fällen, wo gleichgeschlechtlich Veranlagte miteinander verkehren, von einer Verführungs- und Ausbreitungsgefahr nicht die Rede sein. Es ist aber nicht angängig, ein allgemein gültiges Gesetz auf solche Gründe zu schützen, die nur für einen Teil der fraglichen Fälle zutreffen, auf den Hauptteil aber nicht. Aus der Verführungsgefahr jugendlicher Personen die Bestrafung des homosexuellen Geschlechtsverkehrs Erwachsener abzuleiten, entspräche einer Logik, die wegen der Gefahr der Verführung junger Mädchen den normalen außerehelichen Geschlechtsverkehr generell unter Strafe gestellt wissen wollte. Will man also ein Gesetz auf das Motiv der Verführung basieren, so darf man auch nur solche Fälle strafen, wo tatsächlich eine Verführung, etwa ein Verkehr mit jugendlichen Personen, die sich noch nicht homosexuell betätigten, vorliegt.

Nachdem es sogar den abolitionistischen Bestrebungen (Abschaffung der sittenpolizeilichen Prostituierten-Kontrolle) gelungen ist, ihr Ziel zu erreichen, sollten doch wohl die Abolitionsbestrebungen hinsichtlich der Befreiung der Homosexuellen erst recht den längst erwünschten Erfolg haben.

Wenn wir nun noch die Schutzalterfrage berühren, so sehen wir, daß das Schutzalter in den verschiedenen Ländern in weiten Grenzen schwankt, von 12 Jahren in Japan bis 21 Jahre in Holland. Bald ist es das Alter der Geschlechtsreife, bald das der Strafmündigkeit, bald das der Militärpflichtigkeit, bald das der bürgerlichen Volljährigkeit, bis zu dem man die Schutzbedürftigkeit ausgedehnt hat. In ähnlicher Weise variieren auch die Gesetzesvorschläge bei uns. Den Autoren jedoch, die für das männliche Geschlecht ein höheres Schutzalter als für das weibliche wünschen, steht die übergroße Mehrzahl derer gegenüber, welche diese Frage für beide Geschlechter gleich geregelt wissen wollen, und zwar entsprechend dem geltenden Gesetz so, daß einmal nach § 176, 3 jeder strafbar ist, welcher sich an einer Person unter 14 Jahren, gleichviel welchen Geschlechts, unzüchtig vergreift, daß dann aber § 182, der bisher bestimmt, daß, wer ein unbescholtenes Mädchen, welches das 16. Lebensjahr noch nicht vollendet hat, zum Beischlaf verführt, auf Antrag der Eltern oder des Vormundes bestraft werden soll, auch auf männliche Personen ausgedehnt wird.

Die Befürworter dieser gleichen Behandlung beider Geschlechter berufen sich einmal darauf, daß es aus Billigkeitsgründen nicht gerechtfertigt ist, das weibliche Geschlecht in geringerem Grade zu schützen, als das selbständigere männliche, daß aber eine Erhöhung des weiblichen Schutzalters über 16 Jahre hinaus mit Recht von allen Gesetzgebungen verworfen worden ist. Es liegt auch in der Tat kein durchschlagender Grund vor, das Schutzalter für beide Geschlechter verschieden zu bemessen; verlangt man von dem sog. schwachen Geschlecht, daß es sich vom 16. Jahr ab seiner Haut wehrt, so kann man auch vom männlichen Geschlecht in demselben Alter beanspruchen, daß es sich den von verschiedenen Seiten an dasselbe herantretenden Versuchungen gegenüber selbst schützt, wobei freilich beiden Geschlechtern eine rechtzeitige geeignete Aufklärung über die mit dem Geschlechtsleben verbundenen gesundheitlichen und sonstigen Gefahren gut zustatten kommen würde.

Die gleiche Behandlung beider Geschlechter vor dem Gesetz würde am ehesten erreicht, wenn in den Parapraphen des Strafgesetzbuches, in denen von Verführung, Anwendung von Gewalt usw. die Rede ist, nämlich in den Paragraphen 176, 177 und 182 der bisherige Ausdruck „Frauensperson" durch den Ausdruck „Person" oder „Personen beiderlei Geschlechts" ersetzt würde.

Es würde demnach im § 176 heißen, anstatt wie jetzt:

„Mit Zuchthaus bis zu 10 Jahren wird bestraft, wer eine in einem willenlosen oder bewußtlosen Zustande befindliche oder eine geisteskranke Frauensperson zum außerehelichen Beischlaf mißbraucht. Sind mildernde Umstände vorhanden, so tritt Gefängnisstrafe nicht unter 6 Monaten ein",

in Zukunft:

„Mit Zuchthaus bis zu 10 Jahren wird bestraft, wer eine in einem willenlosen oder bewußtlosen Zustande befindliche oder eine geisteskranke Person zu unzüchtigen Handlungen mißbraucht. Sind mildernde Umstände vorhanden, so tritt Gefängnisstrafe nicht unter 6 Monaten ein."

§ 177 würde lauten, anstatt wie jetzt:

„Mit Zuchthaus wird bestraft, wer durch Gewalt oder Drohung mit gegenwärtiger Gefahr für Leib oder Leben eine Frauensperson zur Duldung des außerehelichen Beischlafs nötigt, oder wer eine Frauensperson zum außerehelichen Beischlaf mißbraucht, nachdem er sie zu diesem Zweck in einen willenlosen oder bewußtlosen Zustand versetzt hat",

in Zukunft:

„Mit Zuchthaus wird bestraft, wer durch Gewalt oder Drohung mit gegenwärtiger Gefahr für Leib und Leben eine Person zur Duldung unzüchtiger Handlungen nötigt oder eine Person zu unzüchtigen Handlungen mißbraucht, nachdem er sie zu diesem Zweck in einen willenlosen oder bewußtlosen Zustand versetzt hat."

§ 182 würde lauten, anstatt wie jetzt:

„Wer ein unbescholtenes Mädchen, welches das 16. Lebensjahr nicht vollendet hat, zum Beischlaf verführt, wird mit Gefängnis bis zu einem Jahre bestraft. Die Verfolgung tritt nur auf Antrag der Eltern oder des Vormundes der Verführten ein",

in Zukunft:

„Wer eine unbescholtene Person, welche das 16. Lebensjahr nicht vollendet hat, zu unzüchtigen Handlungen verführt, wird mit Gefängnis bis zu einem Jahre bestraft. Die Verfolgung tritt nur auf Antrag der Eltern oder des Vormundes der verführten Person ein."

Sollte der Ausdruck „unzüchtige Handlungen" für außerehelichen Beischlaf zu weitgehend erscheinen, so müßte man statt dessen entweder, entsprechend dem italienischen Ausdruck „congiunzione carnale", „fleischliche Vereinigung" gebrauchen, oder, was wegen der Ungenauigkeit weniger ratsam, sagen „Beischlaf bzw. beischlafähnliche Handlungen", oder am prägnantesten „außerehelichen Beischlaf" oder „Pädikation"; (also z. B. „wer eine geisteskranke Person zum außerehelichen Beischlaf oder zur Pädikation mißbraucht usw.").

Es würden dann bis zur ersten Altersgrenze von 14 Jahren, wie gegenwärtig, alle unzüchtigen Handlungen an Kindern beiderlei Geschlechts bestraft werden, von der ersten bis zur zweiten Altersgrenze aber nur die gröberen Ausschreitungen, wie das jetzt nur in bezug auf Mädchen der Fall ist.

Der § 175 aber ist, weil viel schädlicher als nützlich, gänzlich zu streichen.

Was kann die Strafgesetzgebung bei der Bekämpfung der Geschlechtskrankheiten leisten?

Von Universitätsprofessor Dr. L. Ritter v. Zumbusch (München).

Das Deutsche Strafgesetzbuch befaßt sich nicht mit den Geschlechtskrankheiten als solchen; die einzige Berührung ist, daß eine fahrlässige oder böswillige Ansteckung unter Umständen als Körperverletzung bestraft werden kann. Erst die provisorische Reichsregierung erließ eine Verordnung (RGBl. 1431), deren § 3 den Geschlechtsverkehr eines Menschen unter Strafe stellt, welcher weiß oder mit Grund vermuten kann, daß er mit einer ansteckenden Geschlechtskrankheit behaftet sei. Es entsteht nun die Frage, sollen wir auf dem zurückhaltenden Standpunkt des StGB. bleiben oder soll die erwähnte Verordnung oder etwa noch andere Strafbestimmungen zum Schutze gegen die Geschlechtskrankheiten in ein neues Strafgesetz aufgenommen werden.

Wenn man eine größere Anzahl gebildeter und wohlgesinnter Leute, die sich aber mit diesen Fragen noch nicht beschäftigt haben, fragen würde, so wäre die Antwort ohne Zweifel eine einstimmige Forderung nach verschiedenen und möglichst strengen Strafbestimmungen. Denn es gibt in Laienkreisen kaum eine so selbstverständliche Ideenverbindung, als die, daß man böse oder unerwünschte Handlungen und ihre schlimmen Folgen dadurch verhindern müsse und könne, daß man diese Handlungen unter Strafe stellt. Gleichwohl enthalten die älteren Strafgesetze die ja, selbst bis zum jetzt noch gültigen österreichischen Strafgesetz, eine viel größere Zahl von Delikten verzeichnen, zum Teil in kasuistisch auf ganz besondere Dinge zugerichteter Fassung, wo man also auch Strafdrohungen gegen die Verbreitung der venerischen Krankheiten vermuten könnte, meines Wissens nichts Derartiges. Dies könnte allerdings seinen Grund darin haben, daß man ihnen zu wenig Wichtigkeit beigemessen hätte, wie denn Friedrich der Große überhaupt der erste war, der im Polizeireglement für die Stadt Berlin auch den gesundheitlichen Schäden der Unzucht und der Prostitution sein Augenmerk zugewendet hat. Die ordnungspolizeilichen und sittlichen Belange der Prostitution und des Unzuchtsbetriebes in den Städten wenigstens finden schon von Alters her vielfach eine sehr eingehende Bearbeitung, alle möglichen Reglements, Hofdekrete, Erlässe und Gesetze betreffen diese Dinge.

Doch muß es immerhin auffallen, daß weder die ältere, noch die jetzt in Geltung befindliche Strafgesetzgebung den Versuch macht, den Geschlechtskrankheiten durch Strafbestimmungen Abbruch zu tun; solche Versuche stammen vielmehr alle erst aus der neuesten Zeit, wo sie dafür um so häufiger sind. Ich erinnere an die oben erwähnte Verordnung der provisorischen Reichsregierung, an verschiedene in Deutsch-Österreich und in nordischen Staaten erlassene Gesetze gegen die Geschlechtskrankheiten usw.

Man wird ohne Zweifel diese Produkte der Gesetzgebung auf die lebhafte Propaganda zurückführen müssen, welche von verschiedenen Seiten geführt wurde; so von der Deutschen Gesellschaft zur Bekämpfung der Geschlechtskrankheiten unter der Führung von Neißer und auch Blaschko, von abolitionistischer und frauenrechtlerischer Seite usw. Alle diese Vorschriften sind von Regierungen erlassen, in denen Parlamentarier, also Laien, die Macht in Händen haben; sie sind demgemäß auch alle mit dem reinsten Willen und in der besten Absicht gemacht, aber mit dem Herzen und nicht mit dem Kopf. Denn, wenn auch ohne weiteres zugegeben ist, daß die leichtfertige Ansteckung eines anderen Menschen mit etwas so scheußlichem, wie es die Geschlechtskrankheiten sind, etwas ist, was jeden, der nur einen Funken von Ehrgefühl besitzt, empören muß, so muß doch auf der anderen Seite gefragt werden, ob eine Strafbestimmung dagegen dem Übel Einhalt gebieten kann, ja sogar, ob eine solche zu dem alten Übel nicht noch neuen Schaden hinzufügen wird.

Schon vor Erlaß der mehrerwähnten Verordnung habe ich mich ausführlicher dahin ausgesprochen[1]), daß es ein unnütziges Beginnen sei, wenn man die Zahl der Ansteckungen dadurch herabzumindern hoffe, daß man den Geschlechtsverkehr von Geschlechtskranken unter Strafe stelle. Besonders war es mir darum zu tun an der Hand von Fällen meiner Praxis, deren Akten ich genau kannte, darzutun, daß derartige Bestimmungen zur Verleumdung, Ehrabschneidung und Erpressung mißbraucht werden können und wirklich mißbraucht werden. Diese Gefahr schien sich mir noch zu vergrößern, wenn das Delikt noch mit Namen genannt wurde, meine Fälle waren ja aus der Zeit vorher, wo man den allgemeinen Begriff fahrlässiger Körperverletzung herbeiholen mußte.

Von hervorragender juristischer Seite wurde mir damals zugegeben, daß meine Bedenken zwar nicht ganz unbegründet schienen, sowohl was die Möglichkeit des Mißbrauchs betrifft, von der ich eben sprach, als auch betreffs der Schwierigkeit der Beweisführung in den allermeisten Fällen; es handelt sich ja naturgemäß meist um chronisch Kranke als Infektionsquellen, bei denen keineswegs so manifeste Symptome da zu sein pflegen, daß sie z. B. einem unintelligenten Menschen, der sich nicht genau beobachtet, sich bemerkbar machen müssen, so daß er weiß, daß er geschlechtskrank ist. Aber man legte das Gewicht der Sache auf die Generalprävention und hoffte eine abschreckende Wirkung.

Nun sind seit der Verordnung fünf Vierteljahre ver-

---

[1]) Geschlechtskrankheiten und Strafrecht, Münchner med. Wochenschrift 1918 Nr. 2.

strichen; in diesen fünf Vierteljahren haben in unserem armen Vaterland die Geschlechtskrankheiten eine Verbreitung gewonnen, die ohne jedes Maß und ohne Beispiel ist.

Wenn man nun auch zugeben muß, daß eben diese Verordnung einfach das Schicksal aller Verordnungen, mit denen Deutschland seit Jahr und Tag überschwemmt wird, teilt, d. h., daß sich niemand darum kümmert, so ist der Versuch doch auf der anderen Seite gewiß nicht so ausgefallen, daß er zum Fortschreiten auf diesem Wege ermutigen würde. Schlimmer wären die Zustände auch ohne die Verordnung nicht, denn das scheint unmöglich.

Einen anderen Weg als mittels dieses sogenannten Gefährdungsparapraphen strafgesetzlich etwas gegen die Geschlechtskrankheiten zu unternehmen, sehe ich aber nicht, es sind meines Wissens auch nie andere Vorschläge gemacht worden. Aus diesem Grunde glaube ich, man soll darauf verzichten, durch die Justiz diese Mißstände beheben zu wollen. Erstens kann man Schaden stiften und wenig nützen, dann aber hat man für geeignete Fälle ja ohnedies die Körperverletzung des § 230.

Es gibt auf dem Gebiete der Unzuchtbekämpfung für die Strafgesetzgebung noch zahlreiche und dankbare Aufgaben, wo meines Erachtens mehr Nutzen gestiftet wird. So vor allem eine strenge Erfassung des ganzen Zuhälter-, Mädchenhändler- und Kupplerunwesens. Dieses Gelichter, das den Geschlechtstrieb auf der einen Seite, Dummheit und Unerfahrenheit auf der anderen Seite als Rohmaterial einer flottgehenden und reichlich gewinnbringenden, dabei mühelosen Industrie ausnützt, müßte gefaßt und unschädlich gemacht werden. Hier kann man auch wirken, wie man in den nordischen Staaten sehen kann, die sich dieser Dinge energisch annehmen. Eine Besserung hier wird auch die Ansteckungen seltener machen.

Die Geschlechtskrankheiten wird man immer nur durch administrative Maßregeln einschränken können, wie durch Behandlungszwang, Überwachung der offenen und geheimen Prostitution usw. Weiter durch Aufklärung der Bevölkerung, so daß die Leute wissen, daß sie mit rechtzeitiger Hilfe des Arztes sicher gesund werden, ohne ärztliche Hilfe zugrunde gehen können.

Dann wäre noch ein Punkt, wo die Strafgesetsgebung Nützliches leisten kann. Zahlreiche Geschlechtskranke lassen sich von Kurpfuschern behandeln, die man im Deutschen

Reich euphemistisch Naturheilkundige nennt. Diese selbstverständlich immer unwissenden und in der überwiegenden Zahl auch unredlichen und gewinnsüchtigen Elemente stiften unendlich viel Schaden. Nicht, oder doch seltener dadurch, daß sie falsch behandeln, als dadurch, daß sie gar nicht behandeln, d. h. sie behandeln mit albernem Zeug: Angefangen von Leuten, die mit geheimgehaltenen Teekochungen arbeiten, geht die Quacksalberei bis zum Gesundbeten. So wird die Zeit vertan, und wenn die Geschlechtskrankheiten einmal veraltet sind, so sind sie kaum mehr heilbar. Der Gesetzgeber, welcher mit dem Unfug der Kurierfreiheit, und wäre es nur, wie im Krieg die Generalkommandos taten, bei venerischen Krankheiten, aufräumen würde, und die Regierung, welche dieses Verbot dann auch durchführen würde, hätten ein großes Verdienst um ihr Vaterland; allerdings würden sie sich die Pfuscher, die gerne betrügen, und ihre nach Millionen zählenden Anhänger, die eben so gerne betrogen werden wollen, zu Feinden machen. Große Regenten haben zwar zu allen Zeiten weniger darnach gestrebt, Gesetze zu geben, die sie beim Volk beliebt machen, als solche, die zum Besten des Vaterlandes ausschlagen.

Zum Schlusse sei noch gesagt, daß das wichtigste Mittel, der Ausbreitung der Geschlechtskrankheiten entgegenzuarbeiten, darin besteht, daß man die heranwachsende Jugend richtig erzieht und ihrer Verrohung steuert, daß man die sexuelle Moral auf eine höhere Stufe zu bringen trachtet, als sie früher war, und auf eine viel höhere als sie jetzt ist.

Über die Todesstrafe.

Von Prof. Dr. A. Mendelssohn Bartholdy (Hamburg).

In seiner großen Streitschrift gegen den „westlichen Liberalismus“, den Betrachtungen eines Unpolitischen (Berlin 1918) hat Thomas Mann unter dem Stichwort „Einiges über Menschlichkeit“ auch die Gegner der Todesstrafe zu jenen Zivilisationsliteraten gestellt, denen sein Zorn gilt. Die Stelle, die weiter unten im Wortlaut angeführt wird, ist offenbar unter dem Eindruck des Falles der Miß Cavell und seiner Folgen niedergeschrieben; der Zusammenhang zeigt das. Thomas Mann wendet sich gegen die Ankläger in den Ententestaaten, die aus der Vollstreckung des Todesurteils eine unehrliche Gewalttat, etwas Unmenschliches abnahmen. „Der Politiker, der philanthropische Revolutionär und Zivilisationsliterat, der ein Demagog großen Stils, nämlich ein Menschheitsschmeichler ist und, wenn er von Menschlichkeit spricht, ausschließlich des Menschen Hoheit und Würde im Sinn hat, während sein Widerspiel, der von ihm sogenannte Ästhet, beim Worte ‚Menschlichkeit' mehr des Menschen Schwäche, Ratlosigkeit und Erbärmlichkeit zu meinen geneigt ist, — der philanthropische Politiker also, angeblich so sehr um Menschenwürde besorgt, gerade er ist es (und nicht etwa irgendein ‚Ästhet'), der mit Hilfe des Ehrenbegriffes ‚Menschlichkeit' das Leben um allen Ernst, alle Würde, alle Schwere und Verantwortlichkeit zu bringen sucht, wie schon sein Verhältnis zur Justiz, zur Schuldfrage, zur Todesstrafe zeigt. Es handelt sich da im ganzen um eine moralische Verkitschung der Welt und des Lebens, der Geschmack abzugewinnen nicht jedermanns Sache ist und vor allem, finde ich, nicht Sache des Künstlers sein sollte: welcher nämlich das stärkste Interesse daran hat, daß dem Leben die schweren todernsten Akzente nicht völlig abhanden kommen, und mit einer moralisch verschnittenen Welt nichts anzufangen wüßte." Gerade die Todesstrafe erscheint dem Dichter als einer dieser schweren, ernsten Akzente, die er dem Leben nicht genommen sehen möchte — es würde ihm sonst ein schaler Trank. Das ist, zu der Einzelfrage sich äußernd, dieselbe Gesinnung, die den Krieg, bei aller Erkenntnis seiner Schrecken, nicht entbehren zu können glaubt: „Solange die Menschheit nicht, dachte ich, in weißen Gewändern, Palmzweige in den Händen und literarische Stirnküsse tauschend, umherwallt, wird es wohl dann und wann Krieg geben auf Erden; solange sie Blut in den Adern hat, dachte ich, und nicht lindes Öl, wird sie es wohl vergießen wollen dann und wann" (a. a. O. S. 449, 160; der Sperrdruck rührt von mir her). Freilich bliebe immer noch der Unterschied, daß beim Krieg der Wille zum Blutvergießen wenigstens als Wille zum Opfer des eigenen Blutes gedacht werden kann, während bei der Todesstrafe das Blut des andern, des Verurteilten, von denen gefordert wird, die durch seinen Tod ihr eigenes Leben sicherer zu machen hoffen. Auch darf man sich den Anhänger der Todesstrafe nicht einfach als einen Anhänger des Kriegs, als geschworenen Feind des Pazifismus in jeder Form erklären wollen. Die Äußerungen Thomas Manns berühren sich in ihrem Grund sehr nah mit den Sätzen, die einer der größten unter den Dichtern deutscher Zunge im Jahre 48 den Gegnern der Todesstrafe ins Stammbuch geschrieben hat. Jeremias Gotthelf hat in seiner Kalendererzählung vom Notar in der Falle, die jetzt im 19. Band der Sämtlichen Werke S. 90 treu wieder abgedruckt ist, ebenfalls die seiner Meinung nach falsch angewandte Menschlichkeit, die „Humanität" angegriffen: „Ja, unsere humanen Juristen, welchen Diebe und Mörder weit lieber sind als ehrliche und vernünftige Leute, sintemalen sie von Dieben und Mördern leben und um so besser, je mehr deren sie pflanzen, beweisen ja, daß nichts ansteckender sei und lasterpflanzender, als wenn man jemand hänge oder köpfe. Da wandle männiglich, statt abgeschreckt zu werden, die Lust an, geköpft und gehängt zu werden, daher auch nie mehr Laster begangen würden als gerade an einem Hinrichtungstage. Die guten Juristen treiben es wohl gut; wenn sie es dahin bringen mit angeblicher Humanität, daß am Ende nichts überbleibt als Diebe, Mörder und — Juristen, so nimmt es uns wunder, was die für Augen machen und den Dieben und Mördern vordemonstrieren und plädieren werden." Lebensnäher und derber sagte Gotthelf im Revolutionsjahr 48 dasselbe, was Thomas Mann im Revolutionsjahr 18 sagen will: im Namen der „Menschlichkeit" gegen die Todesstrafe anzukämpfen, ist verfehlt. Darin haben sie recht. Man kann die Todesstrafe nicht aus Mitgefühl mit dem Hinzurichtenden beseitigen wollen; man kann sie nur verwerfen, weil sie für den, der sie verhängt, schlecht, eine ungesunde Stelle am Körper der Rechtspflege ist; und darin haben die beiden Schriftsteller nun völlig und gröblich unrecht, daß sie diese Seite der Frage nicht sehen wollen, daß sie nur an den Mörder denken und an das, was für ihn der Tod durch das Beil oder den Strang oder die Kugel bedeutet, nicht aber an das viel Höhere und Ernstere: was bedeutet die Hinrichtung als Strafe für Staat, Gesellschaft, Volk?

Wer diese Fragen staatsmännisch behandeln will, der hat vor allem die Pflicht, das Für und Wider bis an das letzte Ende durchzudenken. Das hat Thomas Mann nicht getan; er hätte sonst sehen müssen, daß seine Beweisführung gar nicht für die Todesstrafe, sondern für das todeswürdige Verbrechen, für die gefährliche Tat des Mörders, des Hochverräters, des Spions spricht. Man kann aus Gründen des künstlerischen Bedürfnisses oder aus biologischen Überlegungen heraus oder auch einfach aus gefühlsmäßiger Abneigung gegen die „Weltverbesserung" dem Zahmerwerden des Menschen, der Verkümmerung seiner natürlichen Wildheit und Triebhaftigkeit, der Verbürgerlichung, dem ganzen Fürsorge- und Vorbeugungswesen des Staates feindlich gegenüberstehen; man kann sich im Zeichen des Wortes, daß das Leben nicht das höchste der Güter sei, der Überschätzung jener Sicherheiten widersetzen wollen, die vor dem Krieg als eine der Hauptaufgaben des Staatswesens erschienen. Aber man muß sich dann darüber klar sein, daß man mit dieser Anschauung nicht eine strenge Justiz mit „gefährlichen" Strafen für den Friedensbrecher, nicht Folter und Rad verlangt, sondern im Grund den Menschen, der sich durch diese strengen Strafen nicht davon abschrecken läßt, Gewalttaten zu begehen und seinen „Affekten" Lauf zu lassen. Und sogleich wird, wenn man soweit gedacht hat, das Verfehlte der ganzen Argumentation klar: man will auf der einen Seite die Strenge, ja vielleicht die Schrecklichkeit der Strafe, die der Vertilgung des Verbrechens dient, und man will auf der andern Seite dieses Verbrechen selbst, um der moralischen Verschnittenheit der allgemeinen Tugend und Friedlichkeit zu entgehen; man müßte also, um beides zu erreichen, ein sich Hinaufbieten von Verbrechen und Strafe, ein ständiges Übertrumpfen des einen durch das andere für den erwünschten Zustand der Kriminalabteilung im Staatswesen halten. Eine viel einfachere Überlegung führt zum gleichen Ergebnis; hält man sich nämlich an die gar nicht heroische Wirklichkeit, die von den Lobreden auf die Todesstrafe überdeckt ist, so findet man, daß bei ihrer Verhängung und Vollziehung eben alles reizvoll Gefährliche, alles lebendig freie Spiel der Kräfte, ja sogar die Selbständigkeit des Willens völlig ausgeschaltet ist. Thomas Mann hat in der Fortsetzung der oben angeführten Stelle, von einem bestimmten Fall des Vollzugs sprechend, seine Verachtung des Täters proklamiert, der vor der Vollstreckungsmaschine ohnmächtig wird. Das ist — wir wundern uns dessen bei einem der besten Epiker unserer Zeit — theatralisch gefühlt. Denn der gerichtlich Verurteilte und nun vom Apparat der Justiz Hinzurichtende ist ohnmächtig, und wenn er es nun auch physisch wird, so ist das eine höchst gleichgültige Folge seiner Körperbeschaffenheit, und hat mit der Frage des Mutes, mit der Stellung dieses Menschen zu Leben und Tod, mit Menschlichkeit oder Unmenschlichkeit des ganzen Vorganges gar nichts zu tun. Aber viel schlimmer ist — ich spreche immer von dem Mannschen Argument —, daß bei dem Vollzug der Todesstrafe der Staat etwas tut, was ihm selbst unehrlich erscheint, weil es für ihn, im Verhältnis zur

Schwere der Folge für den Hingerichteten, so leicht, etwas so ganz in die geschäftliche Routine der Verwaltung Fallendes, in Gebühren für die beteiligten Beamten Auszudrückendes ist. Daß sechzig Millionen Menschen imstande sind, einem Menschen sein Leben zu nehmen, das ist weder merkwürdig noch ein Zeichen besonderer Kraft dieser sechzig Millionen. Für sie liegt in der Hinrichtung keine Gefahr, im Gegenteil, nach dem allgemeinen, wenn auch vielleicht irrigen Glauben eine Erhöhung der Sicherheit ihres Daseins. Für sie liegt die Schwierigkeit nicht im Physischen, sondern allein darin, daß sie, oder wenigstens einzelne von ihnen, die Verantwortung dafür übernehmen müssen, daß in ihrem Namen die Todesstrafe vollstreckt wird. Nun wissen wir aber, daß zu dieser Verantwortung, von ganz wenigen Ausnahmen abgesehen, im einzelnen Fall die Volksgenossen durchaus nicht willig sind; unter den praktischen Gründen gegen die Todesstrafe stehen zwei obenan, die eben aus diesem sich Drücken vor der Verantwortung entstanden sind, nämlich einmal die bekannten Kompromisse der Ankläger auf Totschlag oder Körperverletzung mit nachgefolgtem Tod an Stelle des Mordes, die aus der begreiflichen Abneigung der Geschworenen vor einem Mordwahrspruch sich ergeben, und dann die Abwälzung von der Rechtsprechung auf die politische Gewalt, die im Weg der Begnadigung bei Todesurteilen üblich ist. (Das Beispiel der bayrischen Ministerratsbeschlüsse in den Fällen Levien und Arco ist in jedermanns Erinnerung; daß sich hier der Wille der Straße durchgesetzt hat, wird am wenigsten von denen bestritten, die diesen Willen erregt und seine Äußerung einstudiert haben.)

Diese Scheu vor der Verantwortung des Todesurteils ist ganz gesund; nur der Doktrinär kann einem Richter verbieten wollen, bei der Fällung seines Spruchs an die Strafe zu denken, die er nach sich zieht; die Laienrichter davon abzuhalten, ist jedenfalls ganz unmöglich. In ihrer Scheu vor dem Schuldig des Mordes, in den beständig wiederkehrenden, mit solchem Schuldspruch verbundenen Begnadigungsgesuchen der Geschworenen selbst liegt eine Verurteilung der Einrichtung, von der der Gesetzgeber lernen sollte. In der Tat ist die Todesstrafe als Strafe, so wie wir sie heute noch haben, ohne jeden Sinn. Daß sie nicht der Erziehung, dem Wiedergutmachen des Unrechts im positiven Sinne dienen kann, ist klar; sie gibt ja gerade die Möglichkeit der Erziehung, der Besserung, und damit der einzigen wirklichen Sühne dem Staat gegenüber, von vornherein auf. Aber die Todesstrafe schreckt auch nicht ab. Das lehrt die Erfahrung der Staaten, die sie abgeschafft haben, aber man kann es sich auch ohne Statistik mit dem einfachsten Menschenverstand sagen: gerade der Mörder läßt sich nicht abschrecken. Stünde die Todesstrafe auf Diebstahl, auf der Äußerung mißliebiger politischer Ansichten, auf Wucher und Betrug, so wäre an abschreckende Wirkung wohl zu denken; in diesem Sinne mögen die bekannten Ausführungen des großen englischen Kriminalisten für die Todesstrafe recht haben. Aber gerade die Taten, die heute unter Todesstrafe stehen: Hochverrat, Desertieren, Spionage, Mord werden ohne Rücksicht auf die Strafe begangen — übrigens wird man wohl sagen können, daß, wenn einmal ein zu solcher Tat Schreitender sich die Straffolge ruhig in die Rechnung einstellte, lebenslängliches Zuchthaus stärkere Abschreckungskraft für ihn haben würde als die Todesstrafe. Es bleibt als Rechtfertigung dieser Strafart das Vergeltungsbedürfnis: und damit sind wir bei der Verwechslung wieder angelangt, von der am Anfang die Rede war. Wer die Todesstrafe mit der Vergeltung rechtfertigen will, der meint im Grund den Anspruch der Angehörigen des Ermordeten auf das Blut des Mörders; er sieht auf die einzelnen beteiligten Menschen, nicht auf die Rechtsgemeinschaft des Volkes und Staates. Für den Staat ist es nicht einmal Gleiches mit Gleichem vergolten, wenn er den, der gemordet hat, hinrichten läßt. Ein einzelner Mensch kann zu einem andern einzelnen Menschen sagen: du hast mich geschlagen; ich vergelte dir das, indem ich dich wieder schlage; du hast meinen Vater getötet, ich vergelte dir das, indem ich dich töte. Aber was würde man zu dem Vater sagen, dessen einer Sohn den andern erschlagen hat, und der dem Täter darauf erklärte: ich vergelte dir diese Tat, indem ich dich auch erschlage? Der Staat könnte, wie dieser Vater, dem Mörder aus dem Vergeltungsgedanken heraus nur sagen: „Du hast mir ein Leben genommen, dessen Arbeit mir gehörte; ich verlange von dir, soweit du es irgend leisten kannst, Ersatz dieses meines Verlustes; erzwinge ich diesen Ersatz, so übe ich damit das Recht der Vergeltung.“ Solche Überlegung kann zu allem führen, nur nicht zur Todesstrafe.

Die Vorstellung, daß durch die Vollstreckung der Todesstrafe der Staat die ernsteste Probe seiner Macht ablege, ist aus dem Blutaberglauben entsprungen. In Wirklichkeit ist die Verhängung dieser Strafe ein Bekenntnis der äußersten

Ohnmacht des Staates, der Unfähigkeit seiner Strafgewalt. Man braucht gar nicht auf die katholische Auffassung vom Tod in der Sünden Blüte zu greifen, die sich in den Werken der spanischen Kriminalisten bei der Erörterung der Todesstrafe lebendig zeigt — man sollte auch als Protestant, Jude oder Atheist einsehen können, daß selbst aus der Annahme unumschränkter Gewalt des Staates über Leben und Tod seiner Untertanen nicht ein Recht darauf gefolgert werden kann, daß ein Verbrecher im Stand seiner äußersten Schuld, ohne Gelegenheit zu tätiger Reue, getötet und damit diese Schuld nicht etwa gelöscht, sondern als nunmehr unauslöschlich fixiert werde. Die Anhänger der Todesstrafe werden sich auch meist nicht dazu bekennen, das zu wollen; sie werden vielmehr in den Kapitalfällen die Unmöglichkeit der Erziehung des Täters zum Abtragen seiner Schuld behaupten. Diese Unmöglichkeit sollte aber der Staat niemals zugeben; „arbeiten und nicht verzweifeln" sollte sein Gesetz sein.

Man wird im Strafrecht der Zukunft die Stärke eines Gemeinwesens daran erkennen, daß es der Todesstrafe entraten kann; man wird einsehen, daß das Festhalten an ihr eine Sentimentalität im schlechten Sinne ist und daß der Meister einer gesunden Realpolitik sie, als ein durchaus untaugliches Werkzeug bei der Erfüllung seiner Aufgaben, verwerfen muß.

Kurzzeitige Freiheitsstrafen und Geldstrafe.

Von Reichsgerichts-Senatspräsident Dr. Ebermayer (Leipzig).

Zahlreich sind die Vorwürfe, die gegen die kurzzeitigen Freiheitsstrafen erhoben werden und vielfach wird ihre vollständige Beseitigung im künftigen Strafrecht verlangt. Man macht geltend, daß sie weder abschreckend wirken, noch erziehend oder bessernd, daß ihre Wirkung insbesondere gegenüber, dem jugendlichen Verurteilten nicht selten eine geradezu verderbliche sei. Diese Vorwürfe entbehren nicht einer gewissen Berechtigung. Daß von den kurzzeitigen Freiheitsstrafen eine erziehende und bessernde Wirkung nicht zu erwarten ist, ist selbstverständlich; daß selbst eine Gefängnisstrafe von ganz kurzer Dauer nicht abschreckend wirken könne, kann nicht zugegeben werden; hier entscheidet im wesentlichen die Persönlichkeit des Verurteilten, auf den allein schon die Tatsache, daß er überhaupt zu Gefängnis verurteilt wird und diese Strafe verbüßen muß, in hohem Maße abschreckend wirken kann, ganz ohne Rücksicht auf die Dauer der Strafe. Die verderbliche Wirkung, auf die regelmäßig hingewiesen wird, hauptsächlich bei Jugendlichen, hat ihre Ursache weniger in dem Wesen der kurzzeitigen Strafe als in der Art des Vollzuges und ist durch dessen Verbesserung und entsprechende Gestaltung zu beseitigen oder doch wesentlich abzuschwächen.

Es soll damit keineswegs den kurzzeitigen Freiheitsstrafen das Wort geredet, vielmehr sollen nur die gegen sie erhobenen Vorwürfe auf das richtige Maß zurückgeführt werden. Dabei wird aber keineswegs verkannt, daß es eine wesentliche Aufgabe jeder Strafrechtsreform sein muß, auf eine möglichste Einschränkung kurzzeitiger Strafen hinzuwirken. Sie völlig zu beseitigen, erscheint nicht tunlich. Mit Recht weist die Begründung zum VE. I 50 darauf hin, das die kurzzeitige Freiheitsstrafe da am Platze ist, wo es sich um Verfehlungen von einiger Bedeutung handelt und es darauf ankommt, von ihrer Wiederholung abzuschrecken, wo also einerseits eine Geldstrafe nicht ausreichend und andererseits eine längere Freiheitsstrafe nicht erforderlich ist. Für solche Fälle muß dem Richter die Möglichkeit gelassen werden, auf kurze Freiheitsstrafe zu erkennen und dabei würde es sich nicht empfehlen und würde dem in der künftigen Strafgesetzgebung wohl stets festzuhaltenden Grundsache möglichster Freiheit des richterlichen Ermessens und möglichster Individualisierung nicht entsprechen, wenn man den Richter durch eine Hinaufsetzung des Mindestmaßes der Gefängnisstrafe binden und ihn so zwingen wollte, auf eine höhere Strafe zu erkenen in Fällen, in denen er mit einer geringeren auskommen zu können glaubt. Eine Erhöhung des Mindestmaßes der Gefängnisstrafe erschien aber auch um deswillen bedenklich, weil die Erhöhung, wollte man die gegen die kurzen Strafen bestehenden Bedenken beseitigen, eine ziemlich erhebliche sein müßte; denn ob das Mindestmaß einen Tag oder drei Tage oder selbst eine Woche beträgt, macht vom Standpunkte der Strafwirkung aus kaum einen Unterschied und hätte im wesentlichen nur vollzugstechnisches Interesse; man müßte dann schon an ein Mindestmaß von zwei Wochen oder selbst von einem Monat denken. Einer solchen Erhöhung stehen aber die schon, vorhin erwähnten Bedenken aus dem Gesichtspunkte der Schuld und außerdem volkswirtschaftliche

Bedenken entgegen. Daher wird es sich empfehlen, das bisherige Mindestmaß der Gefängnis- (und auch der Haft-) strafe beizubehalten und so dem Richter die Möglichkeit zu geben, in denjenigen Fällen, in denen er nach der Natur der Straftat oder nach der Persönlichkeit des Täters eine kurze Freiheitsstrafe — und nur eine solche — für notwendig erachtet, auf sie zu erkennen, andererseits aber Vorsorge zu treffen, daß der Richter nie, wie es bisher häufig der Fall ist, gezwungen wird, eine kurze Freiheitsstrafe auszusprechen, obwohl der Strafzweck auf andere Weise erreicht werden kann. Gleichzeitig muß die Reform bestrebt sein, den Vollzug kurzzeitiger Freiheitsstrafen so zu gestalten, daß die mit ihrem Vollzuge insbesondere für Jugendliche verbundenen Nachteile möglichst ausgeschaltet werden. Hinzutreten muß außerdem der Ausbau und die erweiterte Anwendung der bedingten Strafaussetzung.

Hält man Ausschau nach einem geeigneten Ersatz für kurzzeitige Freiheitsstrafen, so kommt in erster Linie — und fast allein — die Geldstrafe in Betracht, denn der Verweis, mag sein Anwendungsgebiet auch in Zukunft erweitert werden, wird kaum je zu größerer Bedeutung gelangen. Die Geldstrafe dagegen erscheint wohl geeignet, die kurzzeitige Freiheitsstrafe, in zahlreichen Fällen, in denen heute noch auf diese erkannt wird und erkannt werden muß, zu ersetzen.

Um diesen Ersatz zu erreichen, erscheint es in erster Linie nötig, die Fälle, in denen neben Gefängnis — alternative — Geldstrafe angedroht wird, wesentlich zu erweitern und so dem Richter die Möglichkeit zu geben, da, wo es im einzelnen Falle ihm angezeigt erscheint, statt auf Freiheits- auf Geldstrafe zu erkennen. Man kann aber auch noch einen Schritt weiter gehen und dem Richter vorschreiben, daß er in allen Fällen derartiger alternativer Strafdrohung auf Geldstrafe erkennen muß, wenn der Strafzweck durch diese erreicht werden kann. Neben den Fällen alternativer Strafdrohung stehen diejenigen, in welchen der Gesetzgeber mit Rücksicht auf die Eigenart der strafbaren Handlung die wahlweise Androhung von Freiheitsstrafe und Geldstrafe im Gesetze selbst nicht für angezeigt gehalten hat. Aber auch bei solchen Delikten sind sehr wohl einzelne Fälle denkbar, in denen der Strafzweck durch eine Geldstrafe erreicht werden kann und man kann deshalb auch hier daran denken, dem Richter, wenn auch nicht zwingend vorzuschreiben, so doch die Möglichkeit zu geben, sei es schlechthin, sei es bei Annahme mildernder

Umstände ohne weiteres oder unter der Voraussetzung, daß auf eine Freiheitsstrafe von sagen wir nicht mehr als einem Monat zu erkennen wäre, statt auf Freiheits- auf Geldstrafe zu erkennen, wenn er überzeugt ist, daß der Strafzweck auch durch eine Geldstrafe erreicht werden kann. Eine Beschränkung auf die Fälle der Annahme mildernder Umstände würde um so mehr dann ausreichen, wenn man dazu kommen sollte, mildernde Umstände nicht nur wie bisher bei einzelnen Delikten, sondern allgemein zuzulassen. Eine Regelung, wie sie hier angedeutet ist, erscheint wohl geeignet, die kurzzeitigen Freiheitsstrafen in zahlreichen Fällen auszuschalten.

Eine weitere Einschränkung ist dadurch zu erzielen, daß der Richter ermächtigt wird, in besonders leichten Fällen die Strafe nach freiem Ermessen zu mildern, also überall die Möglichkeit hat, an Stelle von Freiheitsstrafe auf Geldstrafe zu erkennen.

Auch auf dem Gebiete der Übertretungen läßt sich eine Einschränkung der kurzzeitigen Freiheits- (lies Haft-) strafen unschwer erreichen, indem man eine möglichste Ausscheidung der sog. reinen Polizeiübertretungen von den eigentlich kriminellen vornimmt, diese, soweit sie sich dazu eignen, zu Vergehen macht und die Polizeiübertretungen ausschließlich mit Geldstrafe bedroht.

Werden diese Maßnahmen durchgeführt, so wird die Anwendung kurzzeitiger Freiheitsstrafen ganz gewaltig eingeschränkt; sie werden dann nur noch in den Fällen erkannt, in denen sie wirklich am Platze sind, und setzt hier noch bedingte Strafaussetzung und ein sachentsprechender Strafvollzug ein, wird außerdem der Richter ermächtigt oder gezwungen, bei Jugendlichen überall, wo der Strafzweck statt durch Strafe durch Erziehungsmaßregeln erreicht werden kann, auf diese an Stelle der Strafe zu erkennen, so verlieren die Bedenken, die z. Z. noch gegen die kurzzeitigen Freiheitsstrafen erhoben werden, ganz erheblich an Bedeutung.

Das Ziel möglichster Beseitigung kurzzeitiger Freiheitsstrafen kann aber nur dann erreicht werden, wenn Vorsorge dafür getroffen wird, daß die Notwendigkeit der Umwandlung einer erkannten Geldstrafe in Freiheitsstrafe möglichst selten eintritt, denn anderenfalls käme man auf dem Wege der Umwandlung der uneinbringlichen Geldstrafe in Freiheitsstrafe doch wieder zur kurzzeitigen Gefängnis- oder Haftstrafe. Dies kann nur vermieden werden durch einen entsprechenden Ausbau der Geldstrafe. Je größer ihr Anwendungsgebiet in Zukunft wird, desto mehr ist es erforderlich, schon im Gesetze durch geeignete Vorschriften dahin zu wirken, daß sie bezahlt werden kann und nicht in Freiheitsstrafe umgewandelt werden muß. Deshalb ist es in erster Linie nötig, bei Bemessung der Geldstrafe die wirtschaftlichen Verhältnisse des Verurteilten zu berücksichtigen, nicht zu vergessen, daß dieselbe Geldstrafe den Armen ganz anders trifft als den Reichen. Es muß aber weiter dem Verurteilten die Möglichkeit gegeben werden, die Geldstrafe in Teilbeträgen abzubezahlen und der Richter muß, wenn die wirtschaftlichen Verhältnisse des Verurteilten es bedingen, in der Lage sein, ihm die Zahlung zu stunden, auch einer nach der Verurteilung eintretenden Veränderung der wirtschaftlichen Verhältnisse Rechnung zu tragen. Ist es dem Verurteilten trotz dieser ihm gewährten Vergünstigungen nicht möglich, zu zahlen, so soll auch jetzt noch eine Umwandlung in Freiheitsstrafe nicht ohne weiteres erfolgen, sondern es kann dem Verurteilten Gelegenheit gegeben werden, die uneinbringliche Geldstrafe durch freie Arbeit zu tilgen. Zur Umwandlung soll es nur dann kommen, wenn die Geldstrafe infolge schuldhaften Verhaltens des Verurteilten nicht beigetrieben werden kann, oder wenn er die Tilgung der Geldstrafe durch freie Arbeit verweigert, nachdem festgestellt ist, daß er ohne sein Verschulden die Strafe nicht bezahlen kann. Bei solcher Ausgestaltung der Geldstrafe werden die Fälle der Umwandlung in Freiheitsstrafe sich erheblich vermindern und die Geldstrafe wird ein durchaus brauchbares und wirksames Mittel zur möglichsten Einschränkung kurzzeitiger Freiheitsstrafen werden.

Forderungen für den Strafvollzug der Zukunft.

**Von Dr. phil. H. Seyfarth (Hamburg-Fuhlsbüttel),
Pastor am Hamburger Zentralgefängnis, beauftragt mit Vorlesungen an der Universität Hamburg.**

Nach der Revolution hat der damalige preußische Justizminister Dr. Rosenfeld eine allgemeine Verfügung über Milderungen im Strafvollzug erlassen, die im Laufe der Zeit ein gleiches Vorgehen in den meisten anderen deutschen Bundesstaaten zur Folge gehabt hat. Es wird durch diese Verfügung u. a. das Schweigegebot in den Sälen mit gemeinschaftlicher Haft aufgehoben. Ferner wird den Gefangenen das Halten einer Tageszeitung gestattet, der briefliche Verkehr mit der Außenwelt wird erheblich erweitert, die Disziplinarstrafen werden gemildert, und den Gefangenen wird der Genuß von Kau- und Schnupftabak sowie auch von Rauchtabak gestattet, wenn davon eine Störung der Ordnung oder eine Gefährdung der Sicherheit nicht zu befürchten ist.

Daß durch derartige Strafmilderungen irgendetwas Ersprießliches erreicht würde, was den Interessen der Gefangenen in Wirklichkeit dient, wird die Mehrzahl der Gefängnispraktiker — zu denen auch ich gehöre — verneinen müssen. Straferleichterungen haben nur dann Sinn und Zweck, wenn sie den Charakter einer Belohnung für gute Führung und besonderen Fleiß darstellen. Sie werden dann erstrebenswerte Ziele für die Gefangenen, die deren Ehrgeiz anspornen und dadurch den Strafzweck der Besserung fördern. Kommen sie aber allen Gefangenen ohne Rücksicht auf ihre Persönlichkeit und ihr disziplinares Verhalten gleichmäßig zugute, so wird durch sie der Ernst der Strafe nur abgeschwächt und diese selbst verwässert, was ganz gewiß nicht empfehlenswert ist. Ich stehe durchaus auf dem Standpunkt, daß unser Strafvollzug verbesserungsbedürftig ist, ja, daß eine Reform auf keinem anderen Gebiete notwendiger ist, als auf diesem. Eine solche Reform aber wird niemals durch generelle Einführung von Strafmilderungen erreicht, sondern nur dadurch, daß das ganze bisherige System geändert wird.

Was der Strafvollzug erreichen soll, ist

1. die innere Umwandlung des Gefangenen — mag man sie Willensstärkung, Erziehung oder Besserung nennen — und
2. seine wirtschaftliche Sozialmachung, die ihn befähigt, nach seiner Entlassung ein nützliches Glied der Gemeinschaft zu werden.

Diese beiden Ziele sind bisher nur sehr unvollkommen erreicht worden, wie die immer wachsenden Rückfallsziffern der letzten Jahrzehnte deutlich beweisen. Eine Änderung darin wird auch nur dann eintreten, wenn mit dem bisherigen Strafvollzug gebrochen und ein progressives System eingeführt wird, durch das einerseits die öde und willenschwächende Eintönigkeit und Hoffnungslosigkeit unseres Strafverfahrens beseitigt und andererseits die Arbeitskraft des Gefangenen auf das höchstmögliche Maß gesteigert wird.

Auf der ersten Stufe der Progression sollte der Strafzweck der Abschreckung, wenn natürlich auch in humaner Form, im Vordergrund stehen. Der ganze Ernst der Strafe muß in dieser Zeit den Gefangenen zum Bewußtsein gebracht werden, was nur durch eine eiserne Disziplin und durch eine völlige Versagung der jetzt wahllos für alle Gefangenen eingeführten Straferleichterungen und Milderungen möglich ist. Aber auch die strengste Zucht wird der Gefangene leicht ertragen, wenn ihm die Hoffnung auf die Möglichkeit eines Aufstieges bei tadelfreier Führung und emsigem Fleiß winkt. Das Trostlose, Lähmende in der bisherigen Gefangenenbehandlung besteht gerade darin, daß sie einer solchen Hoffnung beinahe keinen Raum gewährt.

Die zweite Stufe der Progression müßte dann unter dem Zeichen der Straferleichterungen stehen, die — durch gutes Verhalten verdient — noch viel weiter ansgedehnt werden könnten, als dies der Preußische Erlaß vom 19. 12. 18. vorsieht. Ich vermisse in diesem Erlaß vieles, was auf das Gemüt der Gefangenen wirkt und infolgedessen den Strafzweck der Besserung fördern würde. Dementsprechend würde ich z. B. vorschlagen, daß die auf dieser Stufe stehenden Gefangenen das Recht erhielten, sich ihre Zellen oder Arbeitsräume durch Bilder, Blumen usw. ausschmücken und wohnlich herrichten zu dürfen, daß sie sich Fachzeitschriften halten und gute Bücher sowie Schreibmaterial anschaffen, ja auch wenn es ihnen Freude macht, sich einen Singvogel halten dürfen. Auf dieser Stufe könnte man den Leuten auch unbedenklich Zeitungen in die Hand geben, und ihnen hin und wieder auch den Genuß von Tabak gewähren. Ebenso müßte die Freizeit erheblich ausgedehnt, der Arbeitsverdienst wesentlich erhöht und die geistige Ausbildung durch Unterricht, Vorträge usw. nach jeder Richtung hin gefördert werden.

Die dritte Stufe der Progression würde dann die vorläufige Entlassung nach drei Viertel der verbüßten Strafe bilden, die nicht als besondere Ausnahme, sondern als Regel denen zuteil werden müßte, die sich ihrer würdig erwiesen haben.

Würde ein solches Progressivsystem für die innere Umwandlung der Gefangenen von allerhöchstem Wert sein, so müßte neben ihm auch dem zweiten großen Zweck des Strafvollzugs, nämlich der wirtschaftlichen Sozialmachung des Gefangenen ernsteste Beachtung geschenkt werden. Dies aber erfordert ebenfalls eine vollständige Neugestaltung des Strafvollzugs, soweit sich derselbe auf das Arbeitswesen bezieht. Man muß in der Zukunft neben den geschlossenen Anstalten zahlreiche landwirtschaftliche Betriebe einrichten, in denen diejenigen Leute, die zu Handwerkern nicht taugen, beschäftigt werden können. Die letzteren aber sollten vorzugsweise unter arbeitstechnischen Gesichtspunkten und nicht, wie es bisher der Fall war, nach der Zugehörigkeit zu diesem oder jenem Bundesstaat in die einzelnen Anstalten verlegt werden, in denen gerade das Handwerk gründlich betrieben wird, das sie in der Freiheit erlernt haben. Eine Spezialisierung des Arbeitsbetriebes wäre im Interesse der Gefangenen und ihrer Zukunft dringend wünschenswert.

Alle diese Vorschläge und Forderungen lassen sich freilich in vollkommener Weise nur durchführen, wenn das Gefängniswesen Reichssache wird. Ohne diese Grundvoraussetzung ist eine rationelle Umgestaltung des Strafvollzugs überhaupt ein Ding der Unmöglichkeit. Dann nämlich wird auch erst das so überaus wichtige Problem der Behandlung der jugendlichen Verbrecher gelöst werden können. Jetzt liegt auf diesem Gebiete noch vieles im argen, denn solange Jugendliche noch in Annexen von Strafanstalten für Erwachsene untergebracht werden, wie dies jetzt sehr vielfach geschieht, wird eine einheitliche, rein pädagogische Einwirkung auf sie immer nur in sehr beschränktem Maße möglich sein.

Man sollte also, anstatt den Ernst der Strafe durch allerhand Milderungen und Erleichterungen abzuschwächen, sein ganzes Augenmerk darauf richten, daß das bisherige System von Grund auf geändert wird. Nur dann ist ein Rückgang der Kriminalität unseres Volkes zu erhoffen, und nur dann kann der Strafvollzug das leisten, was er leisten muß. Entschließt man sich zu einer solchen Systemänderung jetzt, wo bei der Beratung eines Reichsstrafvollzugsgesetzes der gegebene Zeitpunkt dafür ist, nicht, so wird auch in Zukunft — trotz aller kleinen Verbesserungen und Fortschritte, die vielleicht erzielt werden — im großen und ganzen der Strafvollzug, sowie es bisher der Fall war, versagen und erfolglos bleiben und das Problem der Einschränkung der Kriminalität nie gelöst werden.

Die Pflicht zur Anzeige.

Von Dr. jur. Börries, Freiherrn v. **Münchhausen.**

Ich benutze die Gelegenheit dieser Rundfrage, um abermals für einen Gedanken einzutreten, der mich viele Jahre meines Lebens aufs lebhafteste beschäftigt hat, und mit dessen Ausarbeitung ich mir auch seinerzeit meinen Doktorhut erworben habe.

Das Sittengesetz ist die Grundlage des Strafrechts. Da das Sittengesetz sich im Laufe der Geschichte dauernd verfeinert hat, muß auch das Strafrecht seine Anforderungen dauernd höher stellen.

Das älteste Gesetz war sicher ein Verbot und zwar ein Verbot der Tat. „Ihr habt gehört, daß zu den Alten gesagt ist: Du sollst nicht töten ...“

Die nächste Stufe ist die, auf welcher der Wert der Ehre empfunden wird, als eines Rechtsgutes, das schon durch Worte verletzbar ist. Also: Verbot von Worten. „Ich aber sage euch: Wer zu seinem Bruder sagt Racha, der ist des Rates schuldig.“

Singemäß folgt als dritte Stufe das Verbot von Gedanken, das sich natürlich im Strafrecht nicht niedergeschlagen hat. Es sind das die Vögel, von denen Luther spricht, — wir können nicht verhüten, daß sie uns überm Kopf her fliegen, aber wir sollen verhindern, daß sie uns im Haar Nester bauen.

Hier stockte die Entwicklung des Sittengesetzes, — war eine Weiterbildung möglich? Sie war möglich und sie wurde gefunden im Gebot der Tat. Logisch ist damit einer der gewaltigsten Fortschritte der Ethik gemacht. Beispiele brauche ich für Rechtswissenschaftler nicht anzugeben und verweise nur auf das Militärstrafgesetzbuch.

Die Weiterbildung der Sittlichkeit und damit des Strafrechts ist gedanklich nur möglich, indem wir nun dazu kommen, eine Pflicht zum Worte einzuführen, und die wichtigste Form dieses ist die Pflicht zur Anzeige.

Man mache sich nur einmal klar, wie ungeheuerlich vom Standpunkt einer verfeinerten Sittlichkeit aus unsere derzeitigen Bestimmungen über die Pflicht zum Handeln sind: Ich gehe an einem einsamen Hofe vorbei und sehe wie dort ein Kind vergewaltigt wird, — und gehe ohne einzugreifen und ohne Anzeige zu erstatten weiter.

Dieses mein Verbrechen ist straflos!

Ich erfahre durch Zufall, daß mein Lagerhalter einen Arbeiter ermordet hat und behalte ihn ohne ihn anzuzeigen weiter im Dienst.

Dieses mein Verbrechen ist straflos!

Ich bin von meinem Diener bestohlen, um den Scherereien aus dem Wege zu gehen, zeige ich ihn nicht an, sondern empfehle ihn weiter.

Und auch dies ist heute straflos.

Denn die kümmerlichen Ansätze zur Anzeigepflicht in unserem Strafgesetzbuch beschränken sich auf wenige Verbrechen, und auch bei diesen besteht sie nur, soweit die Tat noch nicht begangen ist.

Dieser Zustand ist barbarisch! Wozu mein Gewissen mich treibt, das muß auch soweit wie möglich strafgesetzlich festgelegt werden. Es muß die Verpflichtung bestehen, bei Verbrechen dem Überfallenen zu Hilfe zu kommen!

Selbst dieses Gebot der Tat fehlt uns!

Und es muß die Verpflichtung jedes Bürgers gesetzlich festgelegt werden, Verbrechen anzuzeigen. Erst dann ist der Staatsgedanke in jedem Staatsbürger wahrhaft lebendig, wenn sich jeder einzelne verantwortlich fühlt zu sofortiger Hilfe an dem Überfallenen und zu tatkräftiger Verfolgung des Verbrechers.

Die Volksanschauung, daß Anzeige („Denunziation") etwas Schimpfliches sei, ist ein durchaus mittelalterliches Vorurteil und nur romantisch zu verstehen. Wir halten doch auch den Henker, den Müller, den Schneider nicht mehr für unehrlichen Gewerbes! Diese Anschauung paßte in die Zeit der Gottesurteile, der Feme, der gerichtlichen Zweikämpfe, aber nicht in die unerbittlich klare Gegenart mit ihren verfeinerten Staatsbürgerpflichten.

Erst wenn jeder nicht nur die sittliche Verpflichtung fühlt, sondern auch durch das Gesetz dazu gezwungen wird, jede Rechtsverletzung durch Wort und Tat zu verhüten und, wenn sie geschaffen ist, durch Wort und Tat zu verfolgen, — erst dann ist der Rechtsstaat lebendig in jedem seiner Glieder!

Die Wirkung auf die Verbrecher wäre unübersehbar. Tatsächlich hat jeder von diesem Mitwisser. Würde der, welcher einen Mörder kennt, ohne ihn dem Staatsanwalt zu überliefern, mit Zuchthaus bestraft, — es würde schnell Klarheit in manche Tat kommen. Vor allem aber würde im

Alltag des häuslichen und des Geschäftslebens nicht der Dieb von einen gewissenlosen Herrn an den andern weitergegeben werden, bloß weil jener zu bequem zur Strafverfolgung war.

Denn das ist jedem Kenner der Verhältnisse klar: Die meisten Diebe leben geradezu von der Anzeigefurcht der Bestohlenen! Steht dieser aber vor dem Entweder-Oder, jenen wegen Diebstahls, oder sich wegen Anzeigeunterlassung ins Gefängnis zu bringen, — so wird er doch wohl seine Bequemlichkeit überwinden.

Ob ich glaube, daß dieser Gedanke im neuen Entwurf verwirklicht wird?

Ich habe längst aufgehört zu glauben, daß die Zünftigen in irgendeinem Fache neue Gedanken aufzunehmen geneigt, ja auch nur als solche zu werten fähig seien. Sie lieben nur abgelagerte Ware.

Aber deshalb bleibt für uns Bönhasen trotzdem die sittliche Verpflichtung zur Tat bestehen, d. h. zum Reden und Schreiben. Schließlich wird ja wohl auch dieser Gedanke einmal Allgemeingut der Rechtspflege werden, so gut wie derjenige vom „Worte Racha" es wurde, der doch ebenfalls eines heißen Tages in Judäa ganz erschreckend neu war.

Die Bedeutung der kriminalistischen Hilfswissenschaften für das Strafrecht.

Von Dr. jur. Hans Schneickert,
Leiter des Erkennungsdienstes beim Polizeipräsidium Berlin.

Die ständige Fortentwicklung des gewerbsmäßigen Verbrechertums unter Ausbeutung und Mißbrauch aller technischen Neuheiten und Entdeckung neuer Einnahmequellen kann der Richter, der jahraus, jahrein eine gleichmäßige und gleichbleibende Tätigkeit verrichtet, nie voll begreifen, wenn er nur ausnahmsweise Gelegenheit erhält, durch eine Hauptverhandlung in das Getriebe dieser verbrecherischen Gesellen einen kurzen, oberflächlichen Blick zu werfen. Der junge Richter ist froh, wenn er einigermaßen die hundertfachen juristischen Auslegungsarten des Diebstahls, des Betruges oder der Urkundenfälschung allmählich beherrschen lernt und kümmert sich, mangels rechtzeitiger Belehrung in seiner Studienzeit, wenig darum, welche Einbrecher-,

Betrüger- oder Fälscherspezialitäten es gibt. Er lernt kaum die Grundlagen der kriminalistischen Identitätslehre und der Kriminalpsychologie kennen, ohne die eine strafrichterliche Tätigkeit ein besserungsbedürftiges, aber auch leicht besserungsfähiges Stückwerk bleibt. Solange dem jungen Juristen während seiner Ausbildungszeit keine Gelegenheit zum Studium dieser Hilfswissenschaften, also der Kriminalistik, Kriminologie, Kriminalpsychologie und Pönologie gegeben wird, muß das ganze juristische Studium hinsichtlich der Forderungen der täglichen Praxis als bedauernswert lückenhaft gelten. Leider hat die deutsche kriminalistische Schule unter Führung des verstorbenen Prof. v. Liszt es bisher nicht zuwege gebracht, sich genügend Anerkennung zu verschaffen; denn Hochschulen wie Ministerien haben die auf eine Besserung der juristischen und polizeilichen Ausbildung abzielenden Denkschriften und Vorschläge unbeachtet beiseite gelegt oder kurzerhand abgelehnt.[1]) Die Erfahrung lehrt, wie aufnahmebedürftig und aufnahmefähig der Studeift ist im Vergleich zu dem heute ganz allgemein mit Arbeit überlasteten Juristen in der gerichtlichen Praxis, von dem eine systematische Fortbildung nur ganz ausnahmsweise noch zu erwarten ist. Die Reform des juristischen Studiums kann nicht befriedigen, wenn die Lehrbeziehungen zur Praxis und zur Wirklichkeit nicht besser gepflegt werden, was auf Kosten leicht entbehrlicher Fächer, wie z. B. der Rechtsgeschichte, geschehen muß und kann. Wir haben alle den dringlichsten Wunsch, wirklich praktisch, und nicht nur theoretisch geschulte Richter zu haben, „praktisch“ allerdings, wie die Männer der Strafermittelungsbehörden es auffassen. Über das Studium der Psychologie des Verbrechers ist schon viel gesagt und vergessen worden; ich will hier nur an zwei Autoritäten erinnern und sie mit einigen Ausführungen zu Worte kommen lassen. Der frühere Staatsanwalt Dr. Erich Wulffen sagt in der Einleitung zu seiner groß angelegten „Psychologie des Verbrechers“: „Obwohl wir Kriminalisten bei der Aburteilung einer Straftat alle die Einzelheiten und Feinheiten zu berücksichtigen haben, die sich im Innern des Verbrechers vollzogen, so werden uns doch bei unserer Ausbildung selbst die elementarsten Kenntnisse so wenig geboten, daß wir wissenschaftlich nicht ein-

[1]) Inzwischen ist dem Verfasser dieser Zeilen vom Ministerium für Wissenschaft, Kunst und Volksbildung ein Lehrauftrag für die kriminalistischen Hilfswissenschaften, insbesondere Kriminalistik und Kriminalpsychologie, an der Berliner Universität erteilt worden.

mal verstehen, wie im Individuum überhaupt eine sinnliche Empfindung, eine Vorstellung entsteht und eine Handlung durch den sog. Willen vorbereitet wird. So fordert man von uns das Unmögliche, daß wir das Zustandekommen der strafbaren Handlungen beurteilen und hieraus an dem gesetzlichen Gradmesser der Schuld ihre Bewertung ablesen sollen, während wir von der Genesis der einfachsten sonstigen menschlichen Handlung so gut wie nichts wissen."

Ein anderer Strafrechtler sagt zu diesem Punkte:

„Es kommt bei der Schuldabmessung und Bestrafung nicht allein auf die äußere Handlung selbst, sondern auch teils auf die Gesinnung des Handelnden, inwiefern sie geäußert wird, teils auf unzählige andere Umstände an, welche die Grade der Zurechnung und mithin in einzelnen Fällen dieselbe Handlung ganz verändern. Kein Fall ist dem anderen gleich, sondern jeder erhält nach den verschiedenen Graden der Willensfreiheit, mit der sich der Handelnde zur Unternehmung einer Rechtsverletzung bestimmte, eine verschiedene Modifikation. Selbst die individuelle Beschaffenheit des Handelnden, sein Rang, Alter, körperlicher Zustand und andere dergleichen Dinge erfordern eine besondere Rücksicht bei der Abmessung und Zuerkennung der Strafe ... Es ist mithin schlechterdings unmöglich, bestimmen zu können, inwiefern dem Handelnden seine Tat zuzurechnen, und ob diese oder jene Strafe in einem vorliegenden Falle gerecht und zweckmäßig sei, wenn man nicht die Grundsätze hierbei aus der Philosophie entlehnt, und wenn man sich nicht Kenntnisse der Psychologie erworben hat, durch die man in den Stand gesetzt wird, die Triebfeder zu den Rechtsverletzungen und den Einfluß derselben auf die Denkungsart und Handlungsweise der Menschen genauer kennen zu lernen."

Diese hier vertretene Ansicht, die im Grunde auf die gleichen Mängel hinweist, wie Wulffens Klage, wird erst ins rechte Licht gesetzt, wenn ich hinzufüge, daß sie von einem Strafrechtslehrer aus dem Jahre 1798 stammt, wie sich aus Wilh. Böhmers Handbuch der Literatur des Kriminalrechts, Göttingen 1816, S. 159, nachweisen läßt. Wie weit wir in diesem Punkte in den 120 Jahren fortgeschritten sind, kann jeder Eingeweihte leicht ermessen.

Die Zukunft der strafrechtlichen Unterrichts.

Von Dr. Hermann Kantorowicz, ao. Professor an der Universität Freiburg i. B.

Der strafrechtliche Unterricht beschränkt sich gegenwärtig auf eine einzige Pflichtvorlesung: über deutsches Strafrecht; sie wird vier- bis sechsstündig gelesen, umfaßt in der Hauptsache das Reichsstrafgesetzbuch, und auch dieses unter starker Vernachlässigung des besonderen Teils; das Verfahren ist das dogmatische, doch werden meist geschichtliche, philosophische und rechtspolitische Erörterungen an den Anfang gestellt. Freiwillig wird sodann von fast allen Hörern eine praktische Übung über Strafrecht mit schriftlichen Arbeiten mitgemacht. Gewisse Vorkenntnisse vermitteln häufig die „Einführung in die Rechtswissenschaft", sowie gelegentlich gelesene einstündige „Einführungen ins Strafrecht für Hörer aller Fakultäten". Geschichtliches bringen außerdem die römische und mehr noch die deutsche Rechtsgeschichte; manchmal werden kleine Nebenvorlesungen über Strafrechtsreform, Kriminalistik, Gefängniswesen, Militärstrafrecht angekündigt und, wenn der Lehrer danach ist, auch gehört. Der Zeitpunkt der Hauptvorlesung ist wohl nirgends vorgeschrieben, doch pflegen die Fakultäten das dritte oder vierte Semester zu empfehlen. Daran halten sich zumeist auch die Studierenden.

Ist dieser Zustand befriedigend? Darauf gibt es zunächst die allgemeine Antwort, daß, wie überall, der gute Lehrer stets zum Ziele kommt, der schlechte auch bei der besten Einrichtung scheitern würde. Da aber jede Einrichtung auf den Durchschnitt gemünzt sein soll, wollen wir die Frage der Verbesserungsbedürftigkeit nicht umgehen, und uns besonders fragen, inwiefern die neue Zeit auch hier neue Forderungen stellt. Wir denken hierbei erstens an die allgemeine Umwälzung der politischen, gesellschaftlichen und wirtschaftlichen Verhältnisse durch die Revolution; zweitens an jene Umwälzung der rechtswissenschaftlichen Auffassungen und Bestrebungen, die wir seit einem halben Menschenalter unter dem Schlagwort der freirechtlichen Bewegung zusammenfassen.

Die Revolution wird das Strafrecht, wenn auch weniger als andere Rechtsgebiete, inhaltlich umgestalten, wofür das neue Strafgesetzbuch den Schauplatz abgeben wird; sie wird die Notwendigkeit des neuen Gesetzbuches noch eindringlicher predigen, manche geistigen Hemmungen einer gründlichen Umgestaltung beseitigen, durch all dies neuen Wind in die Segel der Strafrechtslehre blasen und so auch den Unterricht befruchten. Doch wird das Militärstrafrecht aus ihm fast ganz verschwinden. Methodisch wird die Revolution, die überall die neuen gesellschaftlich-wirtschaftlichen Verhältnisse gesetzgeberisch durchzuformen strebt, den Blick mehr als bisher auf die Gründe und Hintergründe, Zwecke und Verwirklichungen des Strafrechts lenken, wie dies die „soziologische" Schule seit langem fordert; doch wird sie keineswegs den Sieg des Verhütungs- über den Vergeltungsgedanken bringen, weil dieser Gegensatz, der übrigens (bei richtigem Verständnis) keine großen praktischen Folgen für Gesetzgebung und Rechtspflege hat, im Weltanschaulichen unschlichtbar wurzelt. In pädagogischer Hinsicht ist von sozialistischer, sehr sachverständiger Seite eine Umkehr des Studiengangs gefordert worden; habe das kapitalistische Zeitalter das Privatrecht zum Ausgangs- und Mittelpunkte des Rechtsunterrichts gemacht, so müsse nunmehr der soziale Staat das öffentliche Recht, also auch das Strafrecht, in diese Stellung einweisen. Aber eine pädagogische Frage sollte nicht nach politischen Gesichtspunkten entschieden werden, sondern eben nach pädagogischen: alsdann ergibt sich, daß das schwierigere und ausgedehntere Gebiet, zumal wenn es in höherem Maße das dem Fach eigentümliche Denken erfordert, die Hauptsache sein muß, und das ist und bleibt das Privatrecht. Aus den gleichen Gründen folgt aber auch, daß das Privatrecht auch zeitlich in den Mittelpunkt rücken, seinen Platz am Anfang also dem öffentlichen Recht einräumen muß, vor allem dem am meisten schon dem nichtjuristischem Denken zugänglichen Strafrecht. Diese — eigentlich selbstverständliche — Folgerung ist denn auch längst vor der Revolution und von bürgerlicher Seite aufgestellt worden und hat immer mehr Anhänger gefunden; in der neuen Universität Frankfurt a. M. ist sie, wie mir Studenten befriedigt berichtet haben, verwirklicht worden. Die dieses Verfahren durchkreuzenden „Ratschläge" vieler Fakultäten müßten demgemäß von den Unterrichtsverwaltungen aufgehoben werden, andrerseits würde ich davor warnen, das Beginnen mit dem Strafrecht zwingend vorzuschreiben; die preußische allgemeine Verfügung vom 3. Juli 1912 sagt zweckmäßiger: „Die Studierenden können den Gang ihrer Studien selbst bestimmen und die Vorlesungen unter verständiger Würdigung ihres inneren Zusammenhanges nach eigenem

Ermessen auf die Semester verteilen." In der Tat ist es besser, selbst Strafrecht erst nach dem Strafprozeß, was gewiß keine „verständige" Reihenfolge wäre, zu hören, aber beidemal bei einem guten Lehrer, als sie in umgekehrter Reihenfolge bei einem einschläfernden Lehrer zu schwänzen. Wenn die Revolution zu einer Neugestaltung auch des Berufungswesens führen und dabei der bisher nicht gebührend gewürdigten Lehrbefähigung zu ihrem Rechte verhelfen sollte, ohne andererseits eine Politisierung der Berufungen zu bringen, so würde dies der größte Dienst sein, den die Revolution dem Strafrechtsunterricht erweisen könnte.

Es ist kein Zufall, daß die Folgen, die sich aus der Freirechtsbewegung, die auch unter Strafrechtslehrern eine Anzahl entschiedener Anhänger hat, ergeben müssen, teilweise die gleichen sind. Sie lenkt den Blick auf die Zwecke des Gesetzes, denen sie mehr Gewicht beilegt als den Zufälligkeiten des Wortlauts oder den unmaßgeblichen Beweggründen der vielleicht längst entschlafenen Gesetzesverfasser oder der verantwortungsblinden Dogmenbildung einer sich Gesetzgeber dünkenden Begriffsjurisprudenz. In alledem hat die Strafrechtswissenschaft und damit auch ihre Fortpflanzung im Unterricht weniger gesündigt als ihre privatrechtliche Schwester, wie sie überhaupt den methodisch fortgeschrittensten Zweig der deutschen Rechtswissenschaft darstellt, aber es gibt für Forscher und Lehrer noch viel zu tun, zumal durch ausgiebigere Verwendung des Rechtsgutgedankens. Auch dem Historismus war dieser Zweig weniger als jeder andere verfallen, wie die Blüte der rechtspolitischen und rechtsphilosophischen Untersuchungen gerade hier erweist; eben dies hat hier zu einer die ganze Entwicklung umspannenden echt geschichtlichen Forschung geführt, während der von Gefühlsgründen beherrschte Historismus der Privatrechtler sich auf die älteren Rechtsstufen beschränkt. Es gilt aber hieraus auch die letzten Folgerungen zu ziehen und z. B. dem für die nächste Zukunft zu befürchtenden Vorarbeitenkult von vornhinein zu entsagen, die rechtsgeschichtliche Betrachtung nicht, wie bisher meist, an den Anfang den Vorlesungen zu stellen, sondern an ihr Ende, u. a. m. Wie die neue Richtung sodann überall die Bedeutung des Psychologischen und Gesellschaftlichen betont, zumal im Rechtsgang, und auch hier an die kriminalpsychologischen und kriminalistischen Forschungen der Lisztschen Richtung anknüpft (während es ganz an einer Psychologie des bürgerlichen Rechts und fast ganz an bürgerlichrechtlicher Tatsachenforschung fehlt), so wird sie auch den Unterricht überall auf psychologischen, also pädagogischen Erwägungen aufbauen: die Selbsttätigkeit des Hörers anregen, wozu gerade das Strafrecht sich eignet; sein Gerechtigkeitsgefühl vertiefen, ohne das der Strafrichter, zumal bei der Strafbemessung, verloren ist, möglichst früh die Anschauung der Hauptverhandlung und des Aktenstücks vermitteln (wovon man sich freilich keine goldnen Berge versprechen sollte), die praktischen Übungen noch mehr betonen, in der Hauptvorlesung viele nur theoretische Spitzfindigkeiten beiseite lassen und dafür die Rechtsprechung stärker berücksichtigen, daneben eifrig Sondervorlesungen kriminalsoziologischer, kriminalpsychologischer, rechtspolitischer und rechtsphilosophischer Art abhalten, endlich, wie schon bemerkt, die Strafrechtsvorlesung, für die jeder natürliches Interesse, nicht unerhebliche Kenntnisse, und die grade hier so wichtigen allgemeinmenschlichen Gemütskräfte mitbringt, an den Anfang des Unterrichts rücken.

Die letzten Forderungen lassen sich freilich vollkommen nur verwirklichen, wenn der schon früher mehrfach, u. a. von Dernburg und Zitelmann, vertretene Gedanke der „Zwischenpraxis“ in allerdings neuer Weise durchgeführt wird. Ich denke mir das, um zum Schluß auch die Umrisse dieser allgemeinen Frage zu besprechen, so: die gesamte Vorbildung dauert künftighin nur noch sechs Jahre, zerfällt aber in drei je zweijährige Stufen: eine theoretische Vorstufe, eine praktische Mittelstufe, eine theoretisch-praktische Schlußstufe. Die Vorstufe soll fachschulartig auf den Vorbereitungsdienst der Mittelstufe zugeschnitten sein, aber auch die allgemeine Schulbildung vertiefen. Sie beginnt mit einer ausgiebigen „Einführung“, die (wie in Kiel) von verschiedenen Lehrern zusammen gelesen und in der auch allgemeine Rechtslehre und Übersicht über die Rechtsentwicklung in großen Zügen vorgetragen wird; gleichzeitig werden, was aber (wie gesagt) nur Ratschlag sein soll und nicht die Freiheit der Wahl unter den Lehrern verkümmern dürfte, die strafrechtliche Hauptvorlesung, allgemeine Staatslehre und theoretische Volkswirtschaftslehre gehört; im zweiten Halbjahr kommen weitere öffentlichrechtliche und volkswirtschaftliche Fächer, auch Gerichtsverfassung, an die Reihe; das dritte und vierte Halbjahr sind dem heutigen Privatrecht gewidmet, wobei bürgerliches und Handelsrecht zu verschmelzen und die geeigneten Teile des sog. „deutschen“ und des internationalen Privatrechts einzubeziehen sind; den Schluß bildet eine Übersicht über Zivil- und Strafprozeß, während eine eingehende Dogmatik dieser Fächer vor Kenntnis ihrer Anwendung unfruchtbar bleibt. Allgemeingeschichtliche und philosophische Fächer sind über die vier Halbjahre, praktische Übungen und Repetitorien, die an die Universität gehören, über die letzten drei reichlich zu verteilen. Den Abschluß bildet die erste Prüfung. Die nun folgende Mittelstufe muß Ausbildung zum Richter sein, nicht Ausnutzung als Gerichtsschreiber, also planmäßig geordnete und in pädagogisch geschulter Hand vereinigte Unterweisung werden; auf diese Stufe gehört auch ein von Praktikern zu erteilender Lehrgang in Gefängniskunde und Kriminalistik. Der Rest des Vorbereitungsdienstes wäre nun einzubauen in die — mehr als ein Jahr umfassenden — Universitätsferien der Schlußstufe, und in das zweite Universitätsstudium selber, so daß sich eine nun erst zweckmäßig auszugestaltende „Nebenpraxis“ ergäbe; besonders kommt hier die Ausbildung bei Rechtsanwalt und Notar in Frage, derart, daß wirkliche Schriftsätze und Verträge sowie die wirklich aufgetauchten Schwierigkeiten in den praktischen Übungen der Schlußstufe — man kann sich denken, mit welchem Eifer! — besprochen würden. Nicht jeder heutige Lehrer freilich wäre dieser Aufgabe und solchen Schülern gewachsen! Im übrigen wäre die Schlußstufe der reinen wissenschaftlichen Forschung gewidmet; sie würde die Universität erst zur wahrhaft „Hohen Schule“ erheben, während sie heute — in der juristischen Fakultät — überwiegend Fachschule ist. Zugleich wäre diese Stufe auch der Schauplatz des akademischen Fortbildungswesens, das neuerdings mit Recht mehrfach gefordert wird, und das notwendig ist, wenn die Universität nicht die fertigen Juristen und Volkswirtschaftler sowie die künftigen Leiter des Wirtschaftslebens an andere Anstalten verlieren und damit den führenden Rang im deutschen Geistesleben abtreten soll. Beginnen müßte die Schlußstufe wohl mit einer nun sinn- und reizvoll gewordenen Dogmatik des Zivil- und Strafprozesses; daneben würde jeder Lehrer bald diesen, bald jenen Abschnitt des privaten und des öffentlichen Rechts, in dem er Fachmann ist, mit aller Vertiefung und mit dem ganzen Rüstzeug der Wissenschaft, unter starker Heranziehung der Hörer, vortragen. Alsdann müßte sich das Studium gabeln in eine geschichtlich-privatrechtliche und eine philosophisch-öffentlichrechtliche Abteilung; zwischen beiden hätte sich der Hörer nach Neigung und Befähigung und auch mit Rücksicht auf die gewählte Universitätsstadt zu entscheiden. Denn auch die Fakultäten werden sich künftighin, vielleicht mit Ausnahme der größten, stark spezialisieren müssen und schon aus wirtschaftlichen Gründen darauf, daß jedes Fach gelesen wird, verzichten müssen — wie sollte z. B. künftighin bei unserer Armut und unserer Valuta jeder Romanist oder auch nur jede Universitätsbibliothek noch die unerschwinglich teuren englischen Papyrusausgaben anschaffen können oder jedes juristische Seminar die dringend erforderlichen Fachbibliotheken des deutschen und ausländischen Privat- oder Strafrechts? In der ersten Abteilung würden nun, und nun erst mit Nutzen für Wissenschaft und Persönlichkeit, in einem kleineren aber gehobenen Kreise griechisch-römisches, germanisches und Kirchenrecht nebst der so bildenden aber ganz vernachlässigten Geschichte der Rechtswissenschaften bis zur Gegenwart herauf verfolgt und in Vorlesung, Übung und Seminar bearbeitet werden, ebenso das Privatrecht Deutschlands und anderer Länder dogmatisch und rechtspolitisch vertieft werden können. In der zweiten Abteilung würden die anderen „gelehrten" Fächer, also Rechtsphilosophie, Rechtssoziologie, Rechtspsychologie, auch die kriminalistischen Nebenfächer, ihren Platz finden und je nach den vorhandenen Lehrkräften und Lehrmitteln bald an dieser, bald an jener Universität getrieben werden; außerdem wieder vertiefte dogmatische und rechtspolitische Sondervorlesungen über deutsches und ausländisches Staats- und Strafrecht, sowie Volkswirtschaftslehre.

Nun erst wäre die zweite Staatsprüfung abzuhalten, bei der eine große schriftliche Arbeit aus einem der „gelehrten" Fächer schwer ins Gewicht fallen müßte. Die besten dieser Arbeiten würden dann, gehörig ausgestattet, als Doktorschriften dienen können; die Doktorprüfung müßte, sofern sie der zweiten Staatsprüfung nachfolgt, aus einer — ganz zwecklosen — Fachprüfung in eine wissenschaftliche nach Art der in der philosophischen Fakultät verwandelt, also auf wenige aber beliebige Wahlfächer beschränkt werden, und sehr schwer sein. Die wenigen strafrechtlichen Doktorschriften, die so noch übrig bleiben, würden dann die schönste Frucht des strafrechtlichen Unterrichts darstellen, statt wie jetzt die bitterste.

Kolibri 360 GmbH
Ferdinand-Jühlke-Straße 7
99095 Erfurt, Deutschland
produktsicherheit@kolibri360.de